Dieter Pflanz

VERSUCH ÜBER DAS 'EROTISCHE'

- Essays -

Alle Rechte bei Dieter Pflanz
www.dieterpflanz.de

Titel: Versuch über das 'Erotische'/ Essays
ISBN: 3-8311-3996-2
Herstellung: Books on Demand GmbH

VERSUCH ÜBER DAS 'EROTISCHE'

- Von der sinnlichen Erfahrung der Welt -

Beim Heranwachsen des Kindes scheint es ein Phänomen zu geben: Der kleine Mensch ist seiner Umwelt unterlegen, ausgeliefert, und trotz dieser Unterlegenheit, die ihm objektiv gesehen kaum eine Überlebenschance gibt, hat er in sich Vertrauen in die eigene Kraft, dass sie ihn sein Leben bestehen lassen werde.

Man könnte nun sagen, dieses Vertrauen in die eigene Kraft gehöre zum Geheimnis des Lebens und wohne Mensch wie Tier inne, seien instinktgebundene Verhaltensmuster. Ein junges Tier 'vertraut' seinen weitaus stärkeren Eltern und 'weiß', dass diese es großziehen und nicht töten werden. Obwohl es manchmal vorkommt, dass Tiere die eigenen Nachkommen fressen, spiegelt sich diese Möglichkeit nicht im Verhalten der Jungen wider: etwa in Form von Furcht beim Erscheinen der Eltern (das gilt für höhere Tiere, die ein Brutpflegeverhalten haben).

Dieses Instinktwissen, dass von Seiten der eigenen Eltern keine Gefahr droht, ist sicher auch beim Säugling in den ersten Tagen und Wochen vorhanden. Doch ein Mensch macht unentwegt - und unverhinderbar! - Erfahrungen und besitzt im Gegensatz zum Tier die Fähigkeit, die Erfahrungen zu abstrahieren und so Erkenntnisse zu ziehen für die Zukunft: für das, was ihm möglicherweise geschehen kann (auch auf anderen Gebieten als denen, wo er die Erfahrungen gemacht hat). Das 'Urvertrauen', das in den ersten Lebensmonaten gelegt wird oder nicht, ist die Folge der Erfahrung und damit des Denkens eines Menschen, ist nicht mehr instinktgebunden. Und es gibt wohl nicht nur dieses eine, etwas abstrakte 'Urvertrauen', von dem ständig gesprochen wird: jede Entwicklungsstufe beim Menschen mit ihren neu erworbenen Fähigkeiten scheint auch neue Formen von Urvertrauen zu schaffen.

Der junge Säugling erschrickt vor der feindlichen Größe - etwa einem lauten Geräusch, einer schnellen Bewegung - und signalisiert mit seinem Weinen Gefahr. Dies ist wahrscheinlich instinktgebundenes Verhalten, das außerhalb selbst gemachter Erfahrung abläuft. Doch das etwas ältere Kind, das der Vater beim Spielen in die Luft wirft, weiß *aus Erfahrung*, dass in diesem Tun Gefahr liegt - es kann den Händen entgleiten und zu Boden schlagen -, und dennoch kreischt es vor Vergnügen.

Das Kind, das versucht, aus Klötzen einen Turm zu bauen, weiß *aus Erfahrung*, dass Türme bei gewissen Höhen umzufallen pflegen: und trotzdem versucht es ständig, eine größere Höhe zu schaffen. Hier scheint das Kind sogar *gegen* seine Erfahrung zu arbeiten. Es hat aus seinem bisherigen Leben einmal das Wissen gezogen, dass Klötze sich zu Türmen stapeln lassen, zum anderen, dass Türme bei gewissen Höhen gewöhnlich umfallen, und es fühlt in sich die Kraft, die erste Erfahrung gegen die zweite zu setzen und das Fallen des Turms möglichst lange hinauszuzögern. Das Kind hat in sich den Antrieb, seine Fähigkeiten bis in Grenzsituationen voranzutreiben (bis dort, wo Grenzen sichtbar werden). Es setzt seine Kraft gegen die Kraft der Dinge: hier Physik der Dinge, etwa Schwerkraft, stabile, labile Gleichgewichte.

Tut ein Kind das, um seine eigene Kraft zu spüren, um sich der eigenen Kraft bewusst zu werden -? Wie es Druck nur zusammen mit Gegendruck gibt, so ist Kraft immer gekoppelt mit Gegenkraft: erst durch die Veränderung der gegengerichteten Kraft wird Kraft spürbar und erkennbar für den Menschen, der Kräfte (Muskel- und andere Kräfte) in der 'Welt' anwendet.

Ein Kind, das seine Kraft gegen die Kraft der Umwelt setzt, braucht dies nicht in sozialen Lernprozessen (durch andere Menschen) gelernt zu haben. Wenn Eltern oder ältere Geschwister vormachen, dass Klötze sich zu Türmen aufstapeln lassen, kommt es vielleicht eher auf die Idee, doch es wird durch das Umgehen mit dem Material, durchs *Spiel*, auch *selbst* diese Möglichkeiten herausfinden. Einem kleinen Kind muss nicht gezeigt werden, dass man auf ein Sofa klettern oder mit Steinen werfen kann, um es auf solche Ideen zu bringen.

Die Kinder wachsen heran, erfahren, dass ihnen einiges gelingt und anderes nicht. Vor allem erfahren Kinder das Scheitern. Und trotz ständigen Scheiterns - des Stoßens an Grenzen - das Bewusstsein, stark zu sein! Diese furchtlosen Augen mancher Drei- und Vierjährigen: sie haben inzwischen erfahren, dass die Umwelt sehr feindlich für sie sein kann, und dennoch lässt das Wissen der eigenen Kraft sie das Leben nicht fürchten. Ein Wissen, das über Gefühle empfunden wird.

Besehen wir als nächstes Situationen aus dem Erlebnisbereich erwachsener Menschen: in denen sie aus Erfahrung wissen, dass sie hilflos und dem anderen ausgeliefert sind, und trotzdem die *Kraft* spüren, solche Risiken auf sich zu nehmen. Wie damals als Kind, als sie auch die Kraft spürten, Neues zu wagen. Solche Situationen im Leben Erwachsener wäre die vertrauensvolle Freundschaft zwischen zwei Menschen und die Liebe. Nehmen wir zuerst die Freundschaft.

Es ist schlecht möglich, auf einen anderen mit äußerer und innerer Abwehrhaltung zuzugehen und zu sagen: "Ich möchte dein Freund sein!" Das funktioniert nicht. Es kann nicht funktionieren, weil die Grundlage wirklicher Freundschaft Vertrauen ist, und Vertrauen kommt nicht auf, wenn einer für sich Sicherheitsvorteile in Anspruch nimmt. Um Freundschaft zu ermöglichen, muss man sich öffnen: muss man auch Privates von sich geben, darf man sein wahres Ich nicht ständig hinter Deckungen zu verstecken suchen. Doch sich öffnen heißt auch, sich Blößen geben, und darin liegt Risiko. Der andere könnte die Blößen ausnutzen und einen feindlichen Schlag führen: mich tief verwunden, vielleicht sogar vernichten.

Ohne Vertrauen keine Freundschaft - ohne Blößen kein Vertrauen - in den Blößen gefährliches Risiko. Aus diesem Dilemma kann ich nur durch eins entkommen: indem ich soviel Vertrauen zu *mir* selbst habe, in *meine Kraft_*, dass ich dem anderen einen Vertrauensvorschuss einräumen und abwarten kann, was er damit anfängt. Ich muss von meinen Qualitäten so überzeugt sein - soviel Achtung vor mir selbst haben -, dass ich notfalls sagen kann: "Wenn du meinst, du müsstest meine Blößen gegen mich ausnutzen, ist das *deine* Sache, allein *dein* Schaden! Ich wollte mich geben, meine Freundschaft: und das wäre vielleicht das Beste gewesen, was dir in diesem Leben hätte widerfahren können." Zur Freundschaft gehören vor allem Mut und Selbstvertrauen: Achtung vor sich selbst und Vertrauen in die eigene Kraft.

Dieses Sichöffnen dem anderen gegenüber geschieht noch stärker, wenn zwei Menschen eine erotisch-sexuelle Beziehung eingehen. Wohl nirgendwo sind wir so verwundbar, als wenn wir intime Gefühle einem anderen erkennbar werden lassen. Gerade am Anfang einer erotisch-sexuellen Beziehung fühlen wir uns dem anderen ausgeliefert, weil wir wissen, dass er uns in der Hand hat und die Abhängigkeit ausnutzen kann, wenn er will. Die Gefühle haben unsere rationalen Kontrollmechanismen zum Teil ausgeschaltet, und wenn der andere uns nicht auf gleicher Ebene begegnet, werden wir stürzen, vielleicht so tief, dass wir gebrochen oder sogar gestorben sind - in unserer Gefühlswelt und manchmal auch tatsächlich. Wir ahnen, spüren diese Bedrohungen und gehen trotzdem erotisch-sexuelle Beziehungen ein.

Warum meinen wir, dass der andere unseren Gefühlen auf gleicher oder ähnlicher Ebene begegnen wird -? Es gibt Milliarden verschiedener Menschen: es wäre ein unglaublicher Zufall, dass sich jetzt hier zwei begegnet sind, die in allem oder wesentlichem harmonieren. Die Wahrscheinlichkeit ist ungleich größer, dass sie nicht harmonieren und gegeneinander kämpfen werden.

Ich meine nicht, dass es (nur) die Hormone sind, die uns, trotz aller Bedenken, vorantreiben. Wir nehmen den Mut, auf den anderen zuzugehen, aus einem Wissen der Stärke: wir wissen/fühlen uns in solchen Momenten sehr stark. Wir mögen uns und spüren in uns eine Kraft, die signalisiert, alles, was kommen wird, bestehen zu können. Es ist dem anderen die Möglichkeit gegeben, uns zu verletzen, doch wir wissen uns stark genug, dieser latenten Gefahr begegnen zu können. Wir haben die Gewissheit - die über Gefühle läuft -, zum Schluss Sieger zu bleiben, wenn es böse kommen sollte.

Ich bin stärker als du - wenn du auch stärker bist als ich!: das scheint mir der Kern erotischer Beziehungen zu sein. Zum Lieben gehört Mut, die Angstlosigkeit vor der Nähe.

Wenn bisher häufig von Kraft und Stärke und Sieger die Rede war, soll das nicht heißen, dass das Umgehen von Menschen miteinander Kampf und Krieg sei. Es wurden Wissen/Gefühle beschrieben, die vorhanden sein sollten und notwendig sind, damit aus dem Verhalten zu anderen kein Kampf wird. Nur wer sich stark fühlt, wird es sich leisten, dem anderen gelassen zu begegnen. Das Zusammengehen von zänkischem Gehabe und einem Eigengefühl der Schwäche - als Beispiel - dürfte bei Menschen leicht einsichtig sein.

Ich möchte die Fähigkeit, eine erotische Beziehung einzugehen, den Begriff 'Erotisches' Verhältnis zum zentralen Punkt in den Überlegungen machen. Nicht nur die Liebe zwischen einer

Frau und einem Mann möchte ich als 'Erotisches' Verhältnis bezeichnen, sondern auch die Freundschaft zwischen zwei Menschen, das Begegnen des Kleinkindes mit seiner Umwelt und anderes mehr. Dazu muss zuerst eine Auslotung des Begriffes erfolgen.

In den Mythen der alten Griechen war der Eros eine Art verbindendes Urprinzip, er war in allem: im Menschen, Tier, in der Pflanze, den Steinen. Er war der existentielle Kern, die 'Seele' von allem, das es gibt. Diese ursprüngliche Vorstellung verengte sich später, noch in der griechischen Antike, zu dem knabenhaften Liebesboten, der ein schalkhafter und grausamer Gott war. Im Laufe der christlichen Jahrhunderte wurde dann aus Erotik Liebe - bedingt durch die Körperfeindlichkeit des Christentums mehr die geistigseelische -, und heute ist daraus schon fast Sexualität geworden. Nur wenige, wie Philosophen, Dichter, Künstler, haben Eros weiter in der ursprünglichen Bedeutung benutzt und etwa vom "Eros der Dinge" gesprochen. Zwischen Eros und Logos wurde von altersher ein ausgesprochenes Spannungsverhältnis gesehen.

Ich möchte das Wort 'erotisch' in der alten Bedeutung verstanden wissen - auf keinen Fall extrem verengt als sexuell (in die Sexualität spielt zwar Erotik mit hinein, manchmal immens stark, doch hat umgekehrt Erotik nicht immer mit Sexualität zu tun). Ein 'Erotisches' Verhältnis ist für mich ein prärationales *Erkenntnis*stadium: in dem wir der 'Seele' eines Menschen, eines Tieres, Baumes, Handwerkzeugs etc. gewahr werden können. Da das Wort 'Seele' in der heutigen Zeit suspekt wirkt, könnten wir versuchen, dafür 'Raum' zu setzen.

Jeder Mensch, jedes Tier, jeder Stein nimmt einen bestimmten, ihm eigenen Raum ein - und die Fähigkeit, ein 'Erotisches' Verhältnis einzugehen, wäre die Fähigkeit, dieses Raumes gewahr zu werden. Es handelt sich um eine Fähigkeit der Erkenntnis, die sich auf anderen Ebenen als denen der Rationalität abspielt, aber ähnlich leistungsfähig ist.

Für mein Vorhaben ist es misslich, dass das Wort 'erotisch' heute ziemlich einseitig in Richtung sexuell besetzt ist. Trotzdem möchte ich es benutzen, weil es m.E. kein besseres Wort gibt, um die wesentlichen Merkmale einer bestimmten Verhaltensweise zu beschreiben. (Für >'Erotisches' Verhältnis< könnte noch >Sinnliche Erfahrung< gesetzt werden - doch auch sinnlich ist heute weitgehend in Richtung sexuell besetzt).

Die wichtigsten Merkmale der Verhaltensweise, die ich als 'Erotisches' Verhältnis bezeichne, sind:

das Wissen/ Gefühl der eigenen *Kraft*,

die *Offenheit* und konzentrierte *Aufmerksamkeit* dem anderen (Mensch wie Ding) gegenüber,

die *Wechselseitigkeit* der Beziehung (was meint, es ist keine Beziehung in nur einer Richtung: von dem Objekt wirkt etwas auf den Menschen zurück, das in ihm messbare Auswirkungen hat).

Vom Wissen/Gefühl der eigenen Kraft war bereits die Rede. Bevor wir an eine Aufgabe - was ein Tun, die Lösung eines Problems, das Umgehen mit Menschen etc. sein kann - freiwillig gehen, müssen wir in uns das Gefühl/ Wissen spüren, dieser Aufgabe gewachsen zu sein. Das Gefühl muss vor Beginn unseres Tuns da sein. Wir müssen eine Chance sehen, die manchmal nur klein ist, der Aufgabe gewachsen zu sein. Wenn wir fest überzeugt sind, es nicht zu schaffen, werden wir kaum freiwillig an die Aufgabe herangehen.

Verfolgt man die Geschichte wichtiger Entdeckungen und Erfindungen, stellt man oft fest, dass Menschen hier kaum sichtbaren Spuren gefolgt sind: jahrelang, manchmal ein Leben lang, gegen ihre bisherigen Erfahrungen, gegen rationale Wahrscheinlichkeit, gegen die Meinung ihrer sozialen Umwelt. Sie sind einer Idee gefolgt - einer "fixen Idee", wie die Umwelt zu haben eine Spur aufgenommen, die kaum einer außer ihnen hat sehen können, und sind ihr mit unermüdlicher Ausdauer gefolgt. Einer vagen Spur über Jahrzehnte und gegen die Meinung der Umwelt - oft gegen den Spott, Hass, die Verfolgung der Umwelt - nachzugehen, dazu gehört das Bewusstsein eigener Kraft und Stärke. Ein Bewusstsein/ Wissen, das wohl über starke (adversive) Gefühle laufend empfunden wird.

Jeder Mensch braucht das Bewusstsein eigener Kraft, wenn er einer Idee - und sei sie noch so simpel - zu Erfolg verhelfen will. Hat ein Mensch jegliche Lebenskraft verloren, wie es bei schweren psychischen Erkrankungen vorkommen kann, schafft er es nicht einmal, aus dem Bett aufzustehen und sich die Zähne zu putzen.

In allem, was existiert - sei es Mensch, Tier, Pflanze oder totes Ding -, steckt Kraft. Es steckt Kraft im Gehirn, Kraft in den Borsten einer Zahnbürste, einer Mathematikaufgabe, in einem liegenden Stein. Die Kraft des Steins ist einmal sein Gewicht: die Erdanziehung, die beim Hochheben durch Einsatz einer Gegenkraft (Muskelkraft) überwunden werden muss. Zum anderen besteht seine Kraft im atomaren, molekularen Zusammenhalt des Gesteinsaufbaus - es gehört Energie dazu, ihn zu zerkleinern - und auch in der Fähigkeit, chemische Reaktionen einzugehen, fremde Stoffe zu verändern. (Wahrscheinlich ließen sich mit einigem Nachdenken noch weitere Kräfte im liegenden Stein feststellen).

Das Eingehen eines 'Erotischen' Verhältnisses durch einen Menschen wäre mit seinem Bewusstsein verbunden, dieser Kraft, die in dem anderen steckt - Mensch wie Tier wie Ding -, gewachsen zu sein. Gewachsen heißt nicht, überlegen zu sein.

'Erotisches' Verhalten hat wohl wenig mit Macht oder Wille zur Macht zu tun: es sind Beziehungen unter 'Gleichrangigen'.

Als zweites Kriterium für 'erotisches' Verhalten sehe ich an: die *Offenheit* und konzentrierte *Aufmerksamkeit* dem anderen gegenüber, Mensch wie Tier wie Ding. Schauen wir uns dazu als Beispiel eine erotisch-sexuelle Beziehung zwischen Frau und Mann an. Diese Beziehung sei in einem Anfangsstadium (es könnte sein, dass Sexualität das 'Erotische' zerstört, *wenn* damit Abhängigkeitsverhältnisse in die Beziehung eingehen. Leider hat in unserer Gesellschaft Sexualität meistens viel mit Herrschaft zu tun).

Das Typische ciner solch jungen erotisch-sexuellen Beziehung ist die Aufmerksamkeit und Konzentration auf den anderen. Verliebte pflegen, besonders wenn sie sich der Liebe des anderen noch nicht sicher sind, mit großer Sensibilität aufzunehmen, was von dem anderen ausgeht: wie er (sie) spricht, wie er sich verhält, seine Gestik, Mimik, wie er sich anzieht, was er schreibt. Ein Schriftsteller hat einmal gesagt, er wünsche sich seine Leser wie jemanden, der von der Geliebten einen Brief bekommt, ihn langsam Silbe für Silbe, Komma für Komma liest und bei jedem Satz überlegt: wie mag sie das gemeint haben? - Der in einer 'erotischen' Beziehung stehende ist unablässig auf der Suche nach dem Menschen hinter dem Menschen, nach dem Ding hinter dem Ding.

Solche 'Erotischen' Verhältnisse mit ihrer übersteigerten Aufmerksamkeit kann es zwischen Menschen geben, aber auch zwischen Menschen und Dingen, wobei die Bezeichnung Ding alles umfassen soll, was außerhalb der eigenen Person existiert, auch Abstraktes, das es weitgehend nur als Idee gibt.[1] Jedes kleine Kind begegnet seiner menschlichen und nichtmenschlichen Umwelt mit dieser 'erotischen' Aufmerksamkeit: es erobert sich die Welt im Anfang seines Lebens nicht über (rationale) Begriffe, sondern über *direkten* Zugang, der nur etwas mit dem Gebrauch der Sinne - spüren, sehen, hören, riechen, schmecken - zu tun hat. Deshalb geschieht auch sein Denken zu Beginn auf konkreten Ebenen: es denkt in Bildern, Stimmen, Gerüchen. Kinder sind in den ersten Jahren extreme Eidetiker, erst mit Erlernen der Sprache kommt nach und nach begriffliche Abstraktion ins Denken. Diese 'sinnliche Verarbeitung' der Welt durch das Kleinkind ist aber bereits *Denken* vielleicht sogar Denken in seiner großartigsten Form.

Ein Kleinkind kann nicht oder nur in Bruchstücken abstrahieren, ihm fehlt noch die Fähigkeit zur Rationalität. Das bedeutet jedoch nicht, dass Kinder in den ersten Lebensjahren keine Erkenntnismöglichkeiten besitzen. Sie haben die Fähigkeit, mit ihrer Umwelt - Mensch wie Ding - auf konkreteren, sinnlicheren Ebenen Bezugsverhältnisse einzugehen: die Fähigkeit zu 'Erotischen' Verhältnissen. Diese Art Vorgehen scheint eine Methode prärationaler Erkenntnis zu sein.[2]

---

[1] Nicht außerhalb des eigenen Körpers: mit seinem Körper kann der Mensch sehr wohl ein 'erotisches' Verhältnis eingehen, sogar mit dem Bild des eigenen Körpers (Narzissmus). Deshalb wäre es vielleicht exakter, anstatt 'außerhalb der eigenen Person' zu sagen 'außerhalb des eigenen Bewußtseinszentrums'.

[2] Man sollte die Qualität dieser Erkenntnisfähigkeit nicht unterschätzen. Es ist bekannt, dass bereits Säuglinge in den ersten Tagen des Lebens die 'Schwachpunkte' ihrer Eltern herausfinden und sich etwa über Verweigerung einer funktionierenden Verdauung emotionale Zuwendung holen. Und manchmal sogar Macht.

Nicht nur das kleine Kind besitzt diese spezifischen Erkenntnisfähigkeiten, auch Erwachsene können sie haben (vielleicht: sich erhalten haben). Die Lebensklugheit mancher einfacher Menschen, die nie die Möglichkeit hatten, hochspezialisierte Denktechniken in Schulen und Hochschulen zu erwerben! Vor allem scheint auch der schöpferisch tätige Erwachsene den direkten, sinnlichen Zugang zur Welt zu haben. - In diesem Punkt treffen sie sich: der kreative Erwachsene, der das spezifische In-der-Welt-sein, In-die-Welt-gehen des Kleinkindes sich erhalten hat, und das Kind, das auf seinen ersten Wegen ins Leben kreativ arbeitet.

Das dritte typische Merkmal eines 'Erotischen' Verhältnisses ist die *Wechselseitigkeit* der Beziehung. Ein solches Verhältnis ist keine Einbahnstraße, wo die Bewegungen nur in einer Richtung erfolgen: von dem 'Objekt' wirkt etwas auf den betroffenen Menschen zurück, das in ihm (messbare!) körperliche und seelische Auswirkungen hat.

Nehmen wir zur Verdeutlichung wieder die Frau und den Mann, die im Beginn einer erotisch-sexuellen Beziehung stehen. Das Verliebtsein hat somatische Auswirkungen, die Hoffnungen, Träume, aber auch Enttäuschung und Verzweiflung wirken sich im Körpergeschehen aus (dass es nur die Hormone sind, möchte ich bezweifeln). Der andere hat uns in der Hand, auch wenn er uns nicht anfasst: sein Lächeln kann unser Herz schlagen, seine unverständliche Reaktion uns in Niedergeschlagenheit stürzen lassen.

Oder nehmen wir ein Kind. Ein Spiel, eine faszinierende Beschäftigung wirkt zurück auf den Körper des Kindes. Der Bau einer Hütte, vielleicht oben in einem Baum, schafft körperlich-seelisches Wohlbefinden. Das ist das Glück, das in den Adern pulsiert, das ist Begeisterung, die den Speichel im Mund zusammenlaufen und die Stimme sich überschlagen lässt! Die

Stimme, die dem Freund gerade zuschreit, "ein ganz prima Brett für die Baumbude" gefunden zu haben.

Und auch auf Erwachsene kommt etwas von den Dingen zurück. Wenn wir Rosen mögen und im Garten mit ihnen umgehen, dann wirken diese Blumen auf uns: sie entspannen uns vielleicht, lassen uns ruhig werden (und wenig später kann sich die Ruhe 'der' Rosen auf die Qualität unseres mathematischen Denkens auswirken, wenn wir Mathematiker sind). Oder wir können ein 'erotisches' Verhältnis mit einer Landschaft eingehen und plötzlich spüren, wie uns die Landschaft verändert. Das geschieht häufig, wenn wir durch weite, dünn besiedelte Landschaften reisen: die Größe, Großzügigkeit der Landschaft bewirkt auf einmal Großzügigkeit in uns (etwa im Verhalten, Denken).

Auch das Problem des verschieden starken Stresses bei verschiedenen Arbeiten (von gleicher Zeitdauer) gehört hierher. Wenn ich eine Arbeit tue, die mir Spaß macht - wo etwas vom Objekt auf mich zurückkommt, wo ich mit ihm ein 'erotisches' Verhältnis eingehe -, kann ich zwölf oder gar sechzehn Stunden arbeiten, ohne zu ermüden. Wenn ich aber am Fließband stehe, wo ich nur einen einzigen Arbeitstakt ausführe, immer denselben, oder wenn ich Stenotypistin bin und allein schreibe, was andere diktiert haben, bin ich bereits nach sechs- oder achtstündiger Arbeit erschöpft: weil solch stupide Tätigkeiten nicht zurückwirken und mein Energiereservoir nicht auffüllen.

Es ist wohl deutlich geworden, dass mir ein 'Erotisches' Verhältnis nicht nur zwischen Menschen, sondern auch zwischen Menschen und Dingen, toten wie lebendigen, möglich erscheint. Der Mensch kann 'erotische' Verhältnisse eingehen mit allem, was existiert: mit Menschen, Tieren, Steinen, Landschaften, Handwerkszeugen, Maschinen, mit dem Schmerz, der Mathematik, Logik, mit Gott - mit allem. Er kann es, aber es ist seine eigene Leistung, um die er sich zu bemühen hat, er muss diese spezifische Fähigkeit erwerben (vielleicht nur behalten als Erwachsener, da alle Kleinkinder sie haben).

Das Eingehen 'erotischer' Verhältnisse scheint ein prärationaler Weg der Erkenntnis zu sein. Es ist Erkenntnis, wenn sie vor allem auch mit Gefühlsabläufen zu tun hat: es ist das sichere Wissen des Gefühls und die gefühlte Sicherheit des Wissens. Ein Wissen, das nicht über abstrakte, rationale Denkprozesse zustandegekommen ist.

Dass der Mensch sinnliche, 'erotische' Verhältnisse auch mit der nicht-menschlichen Umwelt eingehen kann, ist uraltes Wissen: der ursprüngliche Begriff des Eros bei den Griechen, die alten Mythen aller Völker. Die Wirkung von Kunst (Malerei, Literatur, Musik) dürfte vor allem auf dieser speziellen Fähigkeit beruhen. Durch das Vordringen der Sozialwissenschaften scheint nur dieses alte Wissen über menschliche Beziehungsverhältnisse mehr und mehr verschüttet worden zu sein: wahrscheinlich ist es als "mystisch" und "unwissenschaftlich" abgetan worden, weil rational (noch) nicht erklär- und beweisbar.

Der Mensch wird heute sehr einseitig als allein soziales Wesen gesehen, fast alles an ihm wird erklärt aus den sozialen Kontakten zu seiner menschlichen Umwelt. Doch der Mensch ist entscheidend auch der Homo faber: das Wesen, das ständig etwas erschafft. Und zwar darf das, was er erschafft, nicht nur als soziale Komponente gesehen werden, also als etwas das als Material in den mitmenschlichen Bezug eingebracht wird: Der Prozess des Erschaffens ist vor allem - vielleicht sogar allein - die *nichtsoziale* Beziehung und Konfrontation des *einen* Menschen mit einem Ding. Der Mensch wächst nicht nur "am Du", wie man so schön sagt, er wächst vor allem an der nicht-menschlichen Herausforderung durch ein Ding.[3]

Um es einmal auf die Spitze zu treiben: Ameisen sind soziale Wesen, Bienen sind soziale Wesen und Wölfe und Löwen und Bisons und Ratten - der Mensch aber ist keins. Durch seine Fähigkeit, etwas zu erschaffen, das von ihm losgelöst existieren kann, bekommt die Sozialität des Menschen eine völlig andere Qualität, so dass sein Verhalten im Grunde nicht wie das bestimmter Tiere mit dem gleichen Wort 'sozial' bezeichnet werden kann.

Das soziale Verhalten zwischen Tieren ist gebunden am Hier und jetzt, geschieht in der Regel in der Einheit des Ortes und der Zeit, nur manchmal erfolgt zeitliche Verschiebung in die nahe Zukunft (etwa bei der Nahrungsvorsorge - das Sammeln von Körnern durch den Hamster, das Produzieren von Honig durch Bienen etc.). Das soziale Verhalten von Menschen ist demgegenüber nicht an die Einheit von Ort und Zeit gebunden. Im Extremfall kann es sogar vorkommen, dass ein Mensch erst lange nach seinem Tod soziale Auswirkungen auf andere erzielt: Jesus, Marx, viele Erfinder, Entdecker, Künstler. Das geschieht aber auch bei Durchschnittsmenschen, indem sie etwa ein Geschäft über Jahre aufbauen und dann ihren Nachkommen vererben.

Mozart hat z.B. mehr für die Menschen getan - auch gesundheitlich! - als der größte Arzt seiner Zeit. Mozart hat quantitativ und qualitativ mehr getan, selbst für die Menschen, die lange

---

[3] Würde man exakt auszählen, auf wen oder was die (Inter)aktionen von Menschen gehen, käme wahrscheinlich heraus, dass mehr als 90 Prozent auf *nicht-menschliche* Dinge gerichtet sind (vielleicht sind es sogar mehr als 99 Prozent). Das gilt besonders für kleine Kinder.

nach seinem Tod geboren wurden, sein Leben und Schaffen war deshalb sozialer. Und Mark Twain mit seinem 'Tom Sawyer' und Astrid Lindgren mit ihrer 'Pippi Langstrumpf' haben mehr für die Kinder getan als die größten Kinderpsychologen ihrer Zeit. Doch nicht nur Ausnahmeexistenzen haben in den Gesellschaften soziale Funktionen. Jeder Briefträger führt, indem er treu und brav die Post austrägt, soziale Aufgaben aus. Seine Tätigkeit ist oft sozialer als die des angestellten Sozialarbeiters! Das gleiche gilt für den Fernmeldemechaniker, der technische Kommunikationssysteme installiert und aufrechterhält, oder für den Statiker, der vielleicht immer nur allein in seinem Büro sitzt und statische Berechnungen macht, damit Häuser und Brücken nicht einstürzen. (Wir sehen die sozialen Funktionen der vielen Berufe, die bescheiden im Hintergrund arbeiten, kaum noch, weil die sogenannten 'sozialen Berufe' - Ärzte, Therapeuten, Seelsorger, Sozialarbeiter, Pädagogen - sich ungemein nach vorn gedrängt haben. Es haben hier Verdrängungswettbewerbe stattgefunden, wahrscheinlich sind wir schon längst unter die Herrschaft der sogenannten sozialen Berufe geraten -).

Es ist nicht einfach, menschliches Verhalten auf seine soziale Qualität einzuschätzen. Was vordergründig sozial erscheint, muss es nicht wirklich sein, und was auf dem ersten Blick asoziales Verhalten ist, kann enorme soziale Qualitäten haben. Weil der Mensch der Homo faber ist: das ständig etwas erschaffende Wesen, und weil sein Wirken auf andere häufig über 'Medien' läuft, wobei große zeitliche Verschiebungen auftreten können. Das gilt besonders für schöpferisch tätige Menschen, die sinnliche, 'erotische' Verhältnisse mit Dingen eingegangen sind und an Aufgaben arbeiten, die im Moment nur sie sehen können. Sie arbeiten mit übersteigerter Konzentration, fühlen sich durch andere leicht gestört und reagieren entsprechend - verständlich und doch falsch, dass sie deshalb von ihrer Umwelt als "sonderbar", "ohne Gemeinschaftsgeist", vielleicht sogar als "asozial" eingestuft werden.

Paul Gauguin war ein bürgerlich solider, erfolgreicher Bankangestellter, bis er mit fünfunddreißig Jahren seine Frau und die zahlreichen Kinder verließ und nur noch der Malerei lebte. Dass er damals die Familie - anscheinend plötzlich und unüberlegt - verließ und damit in Not brachte, ist von seiner Umgebung als ungemein asoziales Verhalten gebrandmarkt worden. Doch es ist davon auszugehen, dass die große Familie mit ihren ständigen Forderungen Gauguin förmlich blockierte, erst durch die Flucht vor der Familie wurde er frei zur künstlerischen Arbeit. Das heißt aber: erst durch einen asozialen Akt wurde er frei für seine wirkliche Sozialität. Denn Gauguins soziale Wirkung in der Welt geschieht über das Medium seiner Bilder.

Das soziale Verhalten von Menschen hat völlig andere Qualität als etwa das von Tieren, weshalb auch die Wachstumsreize anders geschehen: der Mensch wächst sozial nicht nur in den vordergründig sozialen Beziehungen zu anderen Menschen, sondern vor allem in der nicht-menschlichen Herausforderung durch ein Ding. Wenn ein Kind aus Klötzen einen Turm baut, wächst es an dieser Leistung, auch ohne dass die Mutter dieses Tun durch Lob als Leistung dokumentiert. Das Kind hat sich mit dem Material auseinandergesetzt, mit physikalischen Bedingungen wie Schwerkraft, stabiles, labiles Gleichgewicht etc. - nicht abstrakt rational, sondern *sinnlich* -, und es weiß aus seinen Vorerfahrungen mit dem gleichen Material, dass ihm etwas gelungen ist, was nicht leicht und nicht selbstverständlich ist. Auch das soziale Lernen des kleinen Kindes geschieht vor allem durch das Machen konkreter, sinnlicher Erfahrung und nicht dadurch, dass Erwachsene ihm ständig erzählen: "Dies ist richtig - und das ist falsch!"[4]

Wenn ein Mann allein auf dem Meer mit einem kleinen Boot in einen Sturm gerät und den Sturm übersteht, wächst er in dieser Auseinandersetzung mit Naturgewalten: Er hat etwas von seiner Kraft erfahren, seiner Zähigkeit, Reaktionsfähigkeit, seinem Mut aber auch etwas von seiner Angst, Verzweiflung und dem Tod. Das Wachsen in der Konfrontation zwischen *einem* Menschen und einem 'Ding' wird sich später auch auswirken in den sozialen Beziehungen dieses Menschen zu anderen: Reife entsteht vor allem durch (gedankliche) Auseinandersetzung mit Phänomenen wie Angst, Mut, Tod.

Wenn ein Maler sich immer wieder mit Formen und Farben auseinandersetzt, wächst er in dieser Suche nach Wahrheit. Welcher seiner Malversuche wahrer und richtiger ist, erfährt er in seinem *sinnlichen* Verhältnis, seiner *Einzel*beziehung zur Welt und nicht (so sehr) aus dem Echo der menschlichen Umwelt auf die Bilder. - Van Gogh hat zu Lebzeiten kaum ein Bild verkauft, auf den Ausstellungen sind seine Arbeiten verlacht und verspottet worden, und trotzdem die konzentrierte Auseinandersetzung über Jahrzehnte mit Farben und Formen. Van Goghs Malen hat aber auch soziale Funktionen: die über das

---

[4] Und das Kind wächst nicht nur 'seelisch' durch das Umgehen mit totem Material. Es gibt Untersuchungen, dass erst durch die feinmotorischen Übungen der Finger, Hände, die beim Hantieren mit Material erzwungen werden - etwa beim Bau eines Turmes aus Klötzen , sich die Wirbelsäule des betreffenden Kindes stark und kräftig herausbildet (die gelernten feinmotorischen Fähigkeiten geben Entwicklungsreize in den Körper). Das heißt abstrahiert: erst durch die Konfrontation mit der Statik der Dinge wird die Statik des eigenen Körpers *gemacht*.

Medium Bild auf uns Nachgekommene wirken, die wir ihn jetzt verstehen.[5]

Dass das Eingehen von 'erotischen' Verhältnissen mit der Welt Wege der Erkenntnis sind, wird deutlich, wenn man Werke und Menschen betrachtet, die sich schon vor Jahrhunderten oder Jahrtausenden auseinandersetzten mit der Frage: Was ist der Mensch? Obwohl damals nicht über das wissenschaftliche Rüstzeug heutiger Psychologie, Soziologie, Medizin, Naturwissenschaften verfügt wurde, sind hervorragende Aussagen gelungen. Manchmal könnte man meinen, dass die Verfasser einiger Passagen des Alten Testaments, dass Pascal, Shakespeare mehr über den Menschen gewusst haben als die besten Psychoanalytiker unserer Zeit - eigentlich unverständlich, wenn man den Menschen nur als (vordergründig) soziales Wesen versteht, bei dem alles aus seinem Eingebundensein in mitmenschliche Beziehungen zu erklären wäre.[6]

Der Mensch ist der Homo faber, der etwas erschaffende Mensch, er steht in ständiger Konfrontation und Auseinandersetzung mit der Kraft nicht-menschlicher Dinge. Und die Kraft

---

[5] Und wie hat Van Gogh diesen verzweifelten Kampf über Jahrzehnte durchgehalten?: Wohl weil seine Auseinandersetzungen mit der Welt keine 'Einbahnbeziehung' waren und in einer Gegenbewegung sein *Kraft*reservoir ständig von der Welt wieder aufgefüllt wurde.

[6] Und es war immer schon unverständlich: das Nichtglaubenwollen, Shakespeare sei von Herkunft her ein einfacher Mann mit wenig schulischer Bildung gewesen, ohne humanistischen Werdegang. Deshalb das ständige Suchen der Leute mit Abitur nach dem "wahren Shakespeare" - schon vor Jahrhunderten -, der dem Schauspieler Shakespeare die Werke geschrieben habe: Christopher Marlowe, Francis Bacon etc. Alles Autoren mit humanistischem Werdegang -.

der Dinge hat Auswirkungen in seinem physischen, psychischen und sozialen Befinden. Es ist diese Gegenbewegung zu sehen: Der Mensch wendet nicht nur Kraft an auf die Dinge - von den Dingen wirkt auch Kraft auf ihn zurück.

Die Kraft/ Gegenkraft wird vom betroffenen Menschen in seinem Körper empfunden, gespürt - über die sinnliche Empfindung scheint dann Wissen erzeugt zu werden. Diese spezifische Art von Wissen kommt über direkte Wege zustande, nicht über abstrakt rationale der Begriffs- und Wortfindung. Wenn ich als Kind einigemal Steine gehoben habe, *weiß* ich, dass Steine schwer sind (etwa gegenüber Papier), auch ohne dass ich etwas von den Gravitationsgesetzen kenne. Dieses sinnliche Wissen scheint im Gehirn (zusätzlich) sinnlich gespeichert zu werden: das Kleinkind hat in sich die *sinnliche Erfahrung der Schwere* der Steine - auch wenn das Wort und der Begriff 'schwer' in ihm noch nicht existieren.

Weil von den Dingen mit denen wir umgehen etwas auf uns zurückwirkt, setzt man bei seelisch kranken Menschen 'natürliches' Material in einfachen Verrichtungen als Therapie ein: Tonarbeiten, Flechten, Weben, Holzarbeiten, Malen, Tanzen, den Umgang mit Tieren, Pflanzen. Die Wirkung, die vom Spielen mit Matsch auf das verhaltensgestörte Kind ausgeht, kommt nicht nur aus der sozialen Vergangenheit - also etwa aus den Verboten der Mutter betreffs Umgehen mit Schmutz, deren Auswirkungen jetzt abgebaut werden -, sondern aus dem direkten, *sinnlichen* Einwirken der nassen Erde über Haut, Hände auf den Körper. Das Kind wird ruhig und verliert die verspannten Angsthaltungen, die sich immer auch in Muskelspannungen auswirken. Kleine Kinder, die in einem Bach spielen dürfen, sind glücklich - mit fast hundertprozentiger Wahrscheinlichkeit und glücklich in seiner höchsten Form!

Wenn Kinder mit Steinen nach Blechdosen werfen, laufen in ihren Körpern komplizierte Mechanismen ab. Die Kraft (das Gewicht) der Steine wirkt zurück auf die Steuerorgane des Körpers. Wollte man eine Maschine bauen, die beim Zielwerfen dasselbe leistet wie die menschliche Hand, würde sie sehr kompliziert ausfallen: sie müsste nach dem Gewicht der Steine, das ständig verschieden ist, entscheiden, wieviel Energie einzusetzen ist, um die Wurfkörper über diese bestimmte Strecke zu befördern.

Die Kraft der Steine wirkt zurück auf den Körper - nicht nur physisch, auch psychisch: es geschehen 'seelische' Auswirkungen. Mit Steinen zu werfen, ist für Kinder eine sehr befriedigende Tätigkeit! Und auch für Erwachsene: Wenn wir mal wieder wie in der Kindheit mit Steinen geworfen haben, vielleicht flache Steine über eine Wasserfläche haben springen lassen, fühlen wir uns anschließend entspannt.

Der Rat, mit Steinen zu werfen, um sich wohlzufühlen, könnte auf Großstädter bizarr wirken - doch auch die Bewegungen unserer Hände beim Stricken wirken zurück aufs 'Körper-' oder 'Lebensgefühl', ebenso die Bewegungen beim Spülen des Geschirrs (beim Plantschen im Wasser) und die beim Abschneiden des Brots mit dem Messer. Nur: wir stricken kaum noch, ersetzen das Spülen mit der Hand durch Geschirrspülmaschinen und das Schneiden mit dem Messer durch Brotschneidemaschinen. Rühren vielleicht auch daher unsere schwer fassbaren Gefühle der Lebensleere -? (Es könnte sein, dass die wichtigste Psychohygiene zuerst über die Wiedereinführung solch kleiner *handlicher* Tätigkeiten laufen müsste. Der Mensch ist ein Handwesen - seine Abtrennung von der Entwicklungsgeschichte der Tiere geschah über die immer weitergehende Spezialisierung der Handfähigkeiten. "Die Hand ist das verlängerte Gehirn des Menschen": Kant).

Alte Menschheitsgenerationen glaubten, das alles, was existiert Menschen, Tiere, Pflanzen, Flüsse, Steine, Berge, das Meer -, Seelen besitze. Der Begriff des Eros bei den Griechen. Nun passt das Wort 'Seele' nicht mehr in unsere Zeit, vieles spricht sogar dafür, dass dieses überlieferte Wissens-, Erklärungsmodell, das mit dem Wort 'Seele' umrissen wird, objektiv falsch ist (in Bezug auf Menschen: wenn man den Menschen als extremes Lernwesen begreift). Ich will hier das Wort 'Seele' durch das Wort 'Raum' ersetzen.

Jeder Mensch, jedes Tier, jedes Ding füllt einen bestimmten, ihm höchst eigenen Raum aus (Raum zuerst nicht im übertragenen Sinn gebraucht). Betrachten wir einen Baum:

Ein großer alter Baum kann die Fläche von vielen hundert Quadratmetern Boden überdecken und hunderte Kubikmeter Raum ausfüllen. Die einzelnen Blätter nebeneinandergelegt ergäben Hektar große Flächen, und die Wassermassen, die diese Blätter täglich verdunsten, gehen in Hunderte von Litern. Ferner produzieren die Blätter mit Hilfe des Sonnenlichts große Mengen Sauerstoff, filtern im Jahr tonnenweise Staubpartikel aus der Luft. Die Wurzeln des Baumes haben das Erdreich manchmal über hundert Meter vom Stamm entfernt durchwachsen, und die einzelnen Wurzelfasern würden aneinandergereiht den Erdball umspannen. Nicht jeder Baum wächst in jeder Bodenart und jedem Klima: der eine braucht viel Sonne, der andere Schatten, der eine kalkhaltige Erde, der andere ständig feuchte.

All diese Merkmale - und es gibt in dieser Richtung noch viele mehr - wären sozusagen botanische, rational fassbare Erscheinungen und Bedingungen des Phänomens Baum. Doch ein Baum kann auch der Blickfänger sein, kann unser Auge fesseln: etwa der einzelne Baum in der Ebene. Im Mai ist er hellgrün, im Sommer staubig graugrün, im Herbst rotgelb, in der

Winterdämmerung schwarz drohende Silhouette. Ein Baum ist der Schutzgebende: der Schattenspender, Regenabhaltende, der vor Feinden Versteckende, für Mensch und Tier. Er ist der mit dem Sturm Kämpfende, der den Sturm Brechende. Er ist der Raschelnde, Heulende, der mit Licht Spielende, sein Holz gibt Wärme, Tische, Stühle, Häuser, Wiegen, Särge.

Ein Baum nimmt einen anderen Raum ein als Mensch oder Tier, und der Raum dieser einen am Bach stehenden Erle ist ein anderer als der des einen Ahorns im Gebirge. Wie Raum - allgemein - für uns nur sichtbar, 'fühlbar', verstehbar wird durch Begrenzung, wird der Raum eines Dings nur sichtbar vor dem Hintergrund des Raumes anderer Dinge oder in seiner Verflechtung mit dem Raum anderer. Der Raum, den ein Baum im Sturm einnimmt, wird erst sichtbar vor dem Raum, den der Sturm im offenen, baumlosen Gelände einnimmt.

Jede Tierart - und noch jedes Tierindividuum zusätzlich - nimmt einen ihr höchst eigenen Raum ein. Ein Hund ist einmal das Raubtier, wodurch der Raum, in dem er existiert, in bestimmtem, weitem Rahmen festgelegt ist, doch das einzelne Hundeindividuum kann sich stark von anderen Hunden unterscheiden: durch Rassenmerkmale, Domestikations-, Dressurmerkmale, gelernte Angewohnheiten etc. Der Raum, den ein guter Jagdhund einnimmt, ist ein anderer als der, den ein verwöhnter Schoßhund einnimmt.

Auch gelernte menschliche Fähigkeiten füllen bestimmte Räume aus: logisch rationales Verhalten z.B. andere als emotionales Verhalten. Jeder einzelne Mensch ist gekennzeichnet durch einen ihm höchst *eigenen* Raum, der entstanden ist durch: Fähigkeiten, Hoffen, Meinen, Glauben, Denken, Körpergröße, Gewicht, Funktionen der Körperorgane, Berufsrollen, Machtfunktionen, Gepflogenheiten, finanziellen Vermögen, Charaktereigenschaften etc.

Ein hauptsächlich körperlich arbeitender Tiefbauarbeiter bewegt sich in einem anderen Raum als der hauptsächlich durch Denken arbeitende Philosoph. Und Kinder bewegen sich allgemein in anderen als Erwachsene - das wären entwicklungsspezifisch bedingte Räume. Doch auch von Kind zu Kind können gewaltige Unterschiede bestehen, kein Kind ist in seinem Existenzraum einem anderen völlig gleich, selbst wenn es erst wenige Wochen alt ist. Das einjährige Kind, das gerade krabbeln gelernt hat, lebt in einem anderen Raum als das einjährige, das bereits läuft, und beide zusammen leben in anderen als das ebenfalls einjährige Kind, das nur sitzen und "Mama" sagen kann.

Des höchst eigenen *Raumes*, den jeder Mensch, jedes Tier, jedes Ding einnehmen, können wir gewahr werden, wenn wir mit ihnen sinnliche, 'erotische' Bezugsverhältnisse eingehen. Vielleicht ist das der einzige Weg, den betreffenden Raum in seiner ganzen Dimension zu erfassen: es könnte sein, dass der rationale Zugriff, unser abstraktes Denkvermögen dies nicht zu leisten vermag.

Um den Raum der Dinge - die auch Menschen sein können - zu erfassen, müssen wir mit ihnen *umgehen*: den direkten Zugang suchen, nicht nur den 'gebrochenen' Zugang über den Begriff. Wir müssen mit ihnen sinnliche Verhältnisse eingehen. - Eine Rose ist mehr als eine bestimmte Anzahl Staubgefäße, Blütenblätter, Gasmoleküle, die für menschliche Nasen angenehm duften. "Eine Rose ist eine Rose ist eine Rose", hat die amerikanische Schriftstellerin Gertrude Stein gesagt. In dieser paradoxen Formulierung wird etwas vom kaum endgültig fassbaren Wesen der Dinge erkennbar.

Wenn kleine Kinder eine Handvoll Nägel und einen Hammer erwischen - diese tiefe Freude, Begeisterung, Faszination, mit der sie Holz zusammennageln. Ist es, weil sie durch ihr Tun den Raum, den ein Nagel einnimmt, (zum ersten Mal) erkunden-? Und oft machen sie mit den Nägeln völlig "Blödsinniges", wie Erwachsene sagen: sie schlagen sie in Bäume, einfach nur in die Stämme, bis sie ganz drin sind. Ist das aber wirklich blödsinnig? Ist es nicht großartig, einem Nagel zuzusehen, der langsam ins Holz eindringt-? Diese Kraft, die in einem Nagel steckt, und diese Kraft, die mir der Nagel verleiht (mir kleinem Kind, das in seinen sozialen Bezügen ständig der Unterlegene ist).

Den Raum, den ein Hund einnimmt, kann man nur erfassen, wenn man längere Zeit mit Hunden umgegangen ist. Ein Kind kann im Biologieunterricht lernen, dass der Hund ein 'Nasentier' ist, abstammungsmäßig Verbindungen zu Wölfen bestehen - was besagt das aber? Die Summe rationaler Informationen über Hunde ergibt noch nicht den Hund. Und wird das Kind solch abstrakte Informationen überhaupt aufnehmen, wenn es vorher den Raum des Hundes noch nicht durch tatsächliche Begegnungen wahrgenommen hat -? Im allgemeinen merken wir uns nur das auf Dauer, was uns interessiert: was wir vor unserem Denkbeginn schemenhaft schon wahrgenommen haben. Erst wenn uns die Ahnung vom Raum eines Dinges gestreift hat, scheinen wir motiviert, diesen Raum rational auszuloten, ihn systematischer zu ergründen.

Die falsche Aussage eines Schäfers übers Wetter - wie es entsteht, mit naturwissenschaftlich unhaltbaren Erklärungen für Donner und Blitz - kann wahrer sein als die wissenschaftlich exakte Aussage eines Oberprimaners über Wetter, der sein Leben lang in einem klimatisierten Hochhaus in der Stadt gelebt hat. Die wissenschaftlich falschen Meinungen des Schäfers können weitaus mehr Dimensionen des Raumes Wetter wiedergeben, weil sie in sinnlichen, 'erotischen' Wechselbeziehungen entstanden sind. Dem Schüler werden seine Aussagen über

Gewitter kein Herzklopfen bereiten - wenn aber der Schäfer von erlebten Blitzeinschlägen spricht, wird er wieder das Krachen hören, den Geruch der Blitze riechen, die Angst von damals spüren.

Es könnte nun scheinen, als solle hier rationales Vorgehen, die Aneignung der 'Welt' über den Begriff, verteufelt werden. Meine Absicht ist dem genau entgegengesetzt: Ich möchte zur Ausbalancierung zwischen Sinnlichem/'Erotischem' und Rationalem kommen, weil zwischen beiden ein Zusammenhang besteht oder bestehen kann. Er *muss* bestehen, wenn die rationalen Fähigkeiten des Menschen zu Höchstleistung vorangetrieben werden sollen. Nur im sinnlichen, 'erotischen' Verhältnis mit der Welt - das *zuerst* da sein muss - ahnen wir dunkel die Fragen, die wir danach rational zu beantworten versuchen.

Isaac Newton soll ein Apfel auf den Kopf gefallen sein, was ihn veranlasste zu fragen: "Warum -? Warum fallen Äpfel zu Boden?" Und über dieses Fragen entdeckte er die Gravitationsgesetze[7]. - Robert Mayer entdeckte auf einer Schiffsreise in Südostasien, dass in den Tropen zwischen venösem und arteriellem menschlichen Blut ein geringerer Farbunterschied besteht als in gemäßigten Breiten, und fragte: "Warum -?" Über dieses Fragen entdeckte und formulierte er die Gesetze von der Erhaltung der Energie.

Sicher hat es viele Menschen wie Newton und Mayer gegeben, die auf der Höhe des Wissens ihrer Zeit waren, und wahrscheinlich sogar etliche, die vom theoretischen Schulwissen her

---

[7] Wenn diese Geschichte mit dem Apfel vielleicht auch Legende ist, so wird in der Legendenerfindung jedoch das uralte Wissen über die Zusammenhänge von sinnlichem Erleben der Welt und anschließendem Drübernachdenken sichtbar.

mehr wussten, doch sie haben nicht so gut gefragt wie Newton und Mayer. Jedem fällt mal etwas auf den Kopf und jeder weiß und wußte auch damals schon, dass Dinge sich durch Reibung erwärmen, die wenigsten aber haben gefragt: Warum -? Vor allem haben sie nicht intensiv genug gefragt, es fehlte ihnen die Zähigkeit und Kraft, solche Fragen ständig zu wiederholen, bis zur schließlichen Lösung.

Intelligente Fragen kann man nur stellen, wenn man Zusammenhänge *ahnt*: man den Raum eines Dinges, einer Erscheinung bereits erspürt, mit allen *Sinnen* aufgenommen hat. Wir stellen die Fragen im 'erotischen' Verhältnis mit der Welt (oder aus ihm heraus) und versuchen sie dann auf anderen Ebenen zu beantworten. Die wesentlichen Schritte des Schöpferischen geschehen durch richtiges Fragen im sinnlichen Verhältnis mit der Welt, und aus diesem Verhältnis bezieht der Mensch auch seine Kraft, um den Fragen über Jahre, Jahrzehnte nachzugehen - oft gegen den Widerstand und Spott der sozialen Umwelt.

Was ist der Mensch?: um das Bedürfnis zu haben, diese uralte philosophische Frage zu stellen (wirklich zu stellen, nicht nur rhetorisch als schicke Geste), muss man vorher die Widersprüche des Menschseins erfahren haben. Im Eingehen sinnlicher, 'erotischer' Verhältnisse mit anderen Mensch - auch mit mir selbst! - beginne ich, den Raum, die Dimensionen des Menschen zu ahnen, und aus solchem Ahnen heraus frage ich. Bevor ich rational zu suchen anfange, *weiß* ich schon, dass da etwas ist. Ebenso ist der Zweifel der Vater des Denkens - ein aus sinnlichen Beziehungen entstandenes Ahnen: er spürt voraus, als eine Art Vorhut, dass da anderes sein könnte.

Das Eingehen sinnlicher/ 'erotischer' Verhältnisse mit Dingen - mit allem, was außerhalb der eigenen Person ist, Lebendigem, wie Totem, und auch mit der eigenen Person selbst durch verobjektivierende Akte der Phantasie - ist keine übernormale

Fähigkeit. Die oft verblüffenden Ergebnisse kreativen Denkens scheinen zwar auf diese Fähigkeit zurückzuführen zu sein (kombiniert mit ergänzenden kognitiv/ rationalen Fähigkeiten[8]), doch sie ist von uns allen der erste Weg der Erkenntnis gewesen. Das Eingehen eines sinnlichen/ 'erotischen' Verhältnisses ist die prärationale Erkenntnisfähigkeit, mit der jedes Kind ins Leben hineingeht und arbeitet.

Diese sinnlichen Erkenntnisfähigkeiten des Menschen werden in den Kinderjahren nach und nach ergänzt oder sogar ersetzt durch abstrakte kognitive Fähigkeiten. Das Kind lernt hier, sich Wissen zu erarbeiten oder von anderen zu übernehmen und kodiert zu speichern, diese abstrahierenden Erkenntnisfähigkeiten scheinen an das Erlernen der Sprache gebunden zu sein. Menschen müssen, um ihr Leben zu meistern und Herr der Welt zu sein (im guten Sinn), sehr viel Kognitiv-Rationales in sich entwickeln, daran besteht kein Zweifel, darf keiner bestehen - doch um schöpferisch zu sein und die Kraft zu haben, die Umwelt zu beherrschen, benötigen sie auch die sinnlich-'erotischen' Fähigkeiten.

---

[8] Kognitiv-Rationales, das allein durch langwierige, systematische Lernprozesse zustandekommt (die aber nicht unbedingt an schulische Lernfelder gebunden sind), wird einmal benötigt, um ausschließen zu können, dass das von mir neu Geschaffene oder Entdeckte Produkte irrationaler Denkprozesse sind. Die Gefühle, 'Zwänge', Hormone etc. verführen uns in den Denkprozessen unentwegt zu Falschem. Das gilt selbst für künstlerisches Schaffen: Kunst und Kitsch liegen oft dicht beieinander, und ich muss auf kognitiv-rationalem Wege ausschließen, dass das, was ich gerade geschaffen habe, Kitsch ist.

Zum anderen wird Kognitiv-Rationales benötigt, um überhaupt erkennen zu können, dass das von mir Geschaffene neu ist und deshalb einen Wert besitzt. Ich muss mein Werk in die Tradition menschlicher Leistungen einordnen können, um den Wert zu erkennen. Wahrscheinlich werden viele hervorragende Gedanken, Erfindungen gemacht, die nicht in die Öffentlichkeit gelangen, weil sie von ihren Urhebern selbst nicht als einmalig erkannt werden.

An den Formulierungen 'Herr der Welt', 'Umwelt beherrschen' könnte Anstoß genommen werden, weil ein solches Lebensbild zu aggressiv erscheint. Menschliches Leben war jedoch *immer* - damals in der Höhlenzeit wie heute im Atomzeitalter - Leben *gegen* Bedrohung, weniger gegen Bedrohung durch andere Menschen als durch feindliche Umwelten. Wenn wir Häuser bauen, tun wir das gegen die Bedrohung durch feindliches Klima; die Arbeit des Arztes ist gegen die Bedrohung des Menschen durch Krankheit gerichtet; eine gefährliche Straßenkurve wird begradigt gegen die Bedrohung durch Unfalltod. Wenn wir vorm Häuserbau statische Berechnungen anstellen, tun wir das gegen die Bedrohung durch einstürzende Decken und Wände.

Im Laufe der Entwicklungsgeschichte hat der Mensch Kognitiv-Rationales als Handlungssteuerung entwickelt, um sich gegen feindliche Umwelten behaupten zu können. Unter Rationalität könnte vielleicht verstanden werden: logische Denkfähigkeit, Erkenntnis von Kausalzusammenhängen, Analyse der gemachten Erfahrungen mit Auswertung auf Zukunft hin und noch einiges mehr. Rationalität ist eine Art Koordinatensystem, das der Mensch über die Welt gezogen hat, um im einzelnen Moment entscheiden zu können, in welche Richtung gehandelt werden muss - es ist ein *künstliches* System, das als Entscheidungshilfe dienen soll.

Je differenzierter ein Mensch dieses Koordinatensystem ausgebildet hat, mit desto größerer Wahrscheinlichkeit kann er entscheiden, welche Handlungsalternativen richtiger sind. Rationalität ist ein Instrument der Verteidigung gegen Bedrohung: gegen die (Gefahren der) Welt gerichtet. Sie ist immer - immer! - *gegen* die Welt gerichtet, weil sie zu ihrer Beherrschung dienen soll.

Den Dingen nur einen Namen zu geben, ist schon rationaler Zugriff auf sie. Durch die Namensgebung wird ein Ding in seiner Wirkung auf uns eingeengt, den Namen zu wissen, bedeutet bereits zu beherrschen. Der magische Akt der Namensgebung - siehe die Taufe, siehe Rumpelstilzchen -, in dem der Mensch den ersten Schritt zur Aneignung, zur Beherrschung tut.

In der Medizin soll es um die fünfzigtausend Fachausdrücke geben. Erst diese Nomenklatur, die ein rationales Koordinatensystem ist, versetzt die Ärzte in die Lage, Krankheiten (die massivste Bedrohung menschlichen Lebens) einzukreisen und mehr oder weniger zu beherrschen. - Dadurch, dass Carl von Linné im 18. Jahrhundert die nach ihm benannte Systematik für Pflanzen und Tiere entwarf, wurde es Charles Darwin hundert Jahre später wahrscheinlich erst möglich, die Erkenntnisse zu gewinnen, die dann zu den Theorien von der 'Entstehung der Arten', der 'Abstammung des Menschen' führten. Durch rationale - das sind *künstliche* - Aufgliederungen, Einordnungen werden viele Zusammenhänge erst sichtbar.

Rationalität ist jedoch nur aufs Wesentliche gerichtet. Das rationale Koordinatensystem ist im Grunde ein grobes Raster, das wir über die Welt gelegt haben. Durch große Summen von Informationen kann dieses Raster immer mehr verfeinert werden, so dass enge Annäherung an die Welt erreicht wird: doch es bleibt ein Bild der Welt, das nie zur völligen Deckungsgleichheit gebracht werden kann. Sich den Dingen nur rational zu nähern - etwa intellektuell, über den Begriff, das Wort -, bedeutet deshalb wahrscheinlich: allein einen Teil von ihnen (manchmal winzigen Teil) zu erfahren.[9]

---

[9] Erschwerend kommt hinzu, dass Rationalität ein Erkenntnisweg ist, der

36

Kognitiv-Rationales, in seinem besten, konstruktivsten Sinn, hat mit dem *Auswerten* (selbst)gemachter Erfahrung zu tun. Demgegenüber ist das Eingehen sinnlich-'erotischer' Verhältnisse mit der Welt, etwa durch das Kleinkind, der Weg vorrationaler Erkenntnis und hat mit konkretem *Machen* von Erfahrung zu tun. Es scheint, dass ein Kind (und wohl auch Erwachsener) Erfahrungen nicht gleichzeitig machen und auswerten kann: für diese *verschiedenen* Aneignungsprozesse muss ein zeitliches Nacheinander eingehalten werden. Beim kleinen Kind geschieht dieses Nacheinander im Abstand von mehreren Jahren.

In den ersten Jahren sammelt der Mensch durch sein direktes, sinnliches Begegnen mit der Welt Erfahrungen. Er muss diesen Fundus sinnlicher Erfahrungen ansammeln, damit er sich ein eigenes Bild der Welt machen kann: Nur wer sich ein eigenes Bild der Welt gemacht hat, bekommt die Chance, einen eigenen Weg durch die Welt finden zu können (und allein aus dem eigenen Weg von Menschen, vielleicht dem immer nur weniger, bezieht eine Gesellschaft ihre kreative Kraft).

Die ersten Erfahrungen eines Menschen haben nichts mit abstrakten Denksymbolen zu tun, sondern mit sehr 'fleischigen' Bildern, Stimmen, Gerüchen. Das Kleinkind begegnet der Welt sinnlich und speichert sie auch sinnlich im Gehirn. In seinen frühen Jahren *denkt* der Mensch in Bildern, Stimmen, Gerüchen. Wenn ich zu einem Dreijährigen sage: "Gleich kommt

---

ständig gegen den Zugriff des Irrationalen offengehalten werden muss. Vieles, was auf den ersten und zweiten Blick nach rationaler Erkenntnis aussieht, sind nur psychische oder irrationale Schutzreaktionen. Wenn das konstruktive, exakt durchgeführte rationale Denken allein ein Bild der Welt liefert, das nie zur völligen Deckungsgleichheit gebracht werden kann, dann ist das meiste, was Menschen meinen und denken, wahrscheinlich nur ein Bild des Bildes des Bildes der Welt!

Oma!", dann ist das für das Kind keine abstrakte Benachrichtigungschiffre, sondern es *sieht*, ausgelöst durch meinen Satz, die Großmutter leibhaftig durch die Tür kommen (wie es sie das letzte Mal gesehen hat). Erst im Laufe der Jahre entwickelt sich die Fähigkeit, mit abstrakten Denkchiffren zu operieren.

Diese neue Fähigkeit ist an das Erlernen der Sprache gebunden. In allen Kulturen ist um das siebte Lebensjahr ein tiefer Entwicklungseinschnitt gesehen worden: In dieser Zeit wird das Kind durch sein beginnendes neues Denken fähig, Erfahrungen von anderen Menschen zu übernehmen, ohne sie selbst konkret machen zu müssen. Sinnlich gespeicherte Erfahrungen kann ich nicht weitergeben und nicht von anderen übernehmen: sie sind meine *eigene* Leistung und von mir als Träger nicht zu trennen. Erst wenn ich mein Erfahrungswissen durch Umsetzungs-, Übersetzungsprozesse in abstrakte Symbole verwandelt habe - was eine Chiffrierung oder Kodierung ist -, können sie an *andere* weitergegeben werden. (Wären zum Beispiel Gesetze der Logik herleitbar aus Erfahrungen, die wir sinnlich in Bildern, Stimmen, Gerüchen gespeichert haben -?).

Wie dargestellt ist kognitiv-rationales Verhalten immer auf Beherrschung der Welt gerichtet und damit *gegen* sie, sinnlich-'erotisches' Verhalten dagegen ist Hineingehen in die Welt, Leben *mit* der Welt: ein Aufsaugen, fast Hineinziehen der Welt in die eigene Person. Da kognitiv-rationales Verhalten immer gegen die Welt gerichtet ist, kommt es dabei zu Kampfhaltungen, die die sinnlich-'erotischen' Aneignungsprozesse stören oder gar verhindern. (Diese Kampfhaltungen sind normalerweise nicht bewusst, werden meistens auch nicht empfunden, doch sie sind - man beobachte sich einmal bei der rationalen Konzentration auf eine Aufgabe - bis in feinste Muskelspannungen des Körpers vorhanden).

Diese beiden verschiedenen Verhaltensmöglichkeiten stören, behindern sich gegenseitig - und gehören doch zusammen. Das Eingehen von sinnlich-'erotischen' Verhältnissen mit der Welt hat mit dem konkreten *Machen* von Erfahrung zu tun, kognitiv-rationales Verhalten mit dem *Auswerten* von Erfahrung: die Qualität des Sinnlich-'Erotischen' bedingt deshalb die Qualität des Kognitiv-Rationalen. Beide Prozesse geschehen jedoch nicht gleichzeitig, sondern nacheinander, beim Kind beträgt die zeitliche Verschiebung sogar mehrere Jahre.

In den ersten Jahren muss das kleine Kind durch sinnlich-'erotisches' Hineingehen in die Welt seiner Umwelt habhaft werden: es muss den Raum der Dinge, anderer Menschen und der eigenen Person erfahren. So wie Raum nur durch Begrenzung sichtbar wird, kann ich den eigenen Raum, der in meiner Person steckt, erst erfahren, wenn mir durch Tun, Umgehen mit, der Raum, der in den Dingen und anderen Menschen steckt, sichtbar geworden ist. Wahrscheinlich schaffe ich sogar erst den Raum in mir durch das Eingehen von sinnlich-'erotischen' Verhältnissen mit der Welt! Der eigene Raum wird gleichzeitig geschaffen und sichtbar.

Das Kind muss zuerst den Raum des konstruktiven Erbauers und des Zerstörers, den Raum des Jägers und Sammlers, den des Mutigen und Feiglings, des Beschützenden und Schutzsuchenden, den Raum des Hassers und Liebenden, den der Furcht und Angst in sich entdeckt haben, um die Möglichkeiten erfahren zu können, die in der eigenen Person stecken. Erst dadurch, dass es auf den Raum der Dinge außerhalb seiner Person stößt - Menschen, toten und lebendigen Dingen - leuchtet der Raum in ihm, für das Kind selbst, auf.

'Was ist der Mensch?' ist die Grundfrage jeder Philosophie und Theologie - 'wer bin ich?', das ist die Frage, die ich selbst mir hinreichend beantworten muss, um einen guten Weg durchs

Leben gehen zu können. Beantworten kann ich sie nur in meinem sinnlich-'erotischen' Verhältnis zur Welt, und die Art und Weise der Antworten machen die Qualität meiner Rationalität aus.

ZWISCHENWORT

Die Essays dieses Buches - *Versuch über das 'Erotische'* und *Versuch einer Theorie der Rationalität* - hingen in ersten Manuskriptfassungen zusammen, wurden später getrennt. Die angeschnittenen Fragen beschäftigen den Autor seit vielen Jahren, sie scheinen ihm 'Kernpunkte' menschlicher Existenz zu berühren.

Wir alle tragen in uns Erklärungsmodelle, die den Menschen in Körper + Seele/Geist aufspalten. Dieses Wissen vom Menschen steht in der kulturellen Tradition. Da es für ein solches 'Schichtenaufbaumodell' Beweise aber nicht gibt und viele Phänomene sich so nicht erklären lassen, wurden einmal andere Deutungen versucht.

Die wichtigste Aussage der Texte ist das dem folgenden *Versuch einer Theorie der Rationalität* vorangestellte Prinzip: „Jede Erfahrung, die als Wissen gespeichert ist, wird geschützt von potentiellen Gefühlen. Solche Gefühle treten in Aktion, wenn das gespeicherte Wissen bedroht scheint." Schon mit diesem Prinzip werden die argumentativen Stoßrichtungen deutlich.

Die moderne Hirnforschung stellt inzwischen ähnliche Überlegungen an: „... Sinneseindrücke werden im limbischen System gefiltert. Sie werden in ihrer Bedeutung für das Überleben bewertet und gewichtet. Dazu dient eine Vergleichsinstanz, in der unsere früheren Sinneserfahrungen abgespeichert sind. Sie wird Hippocampus genannt und erzeugt für jeden erlebten Augenblick eine erwartete Wirklichkeit, sozusagen ein mitlaufendes Weltmodell in unserem Inneren. Damit werden in jeder Situation die einlaufenden Daten der Sinnesorgane abgeglichen. Bei einer zu starken Abweichung von erwarteter und aktueller Wirklichkeit sendet die Gedächtnisinstanz ein angstauslösendes

Signal an das limbische System. Dort werden dann die nötigen körperlichen Reaktionen ausgelöst. Dieses Denkmodell ist durch neuropsychologische Daten mittlerweile gut untermauert...." (aus DIE ZEIT, 9.8.96: 'Drogen Farben Rausch').

Die Argumentationen dieser Essays sind also ähnlich denen der Hirnforschung, mehr generalisierend und vielleicht etwas eleganter. Sie versuchen, die Wechselbeziehungen zwischen Gefühl und Wissen/ Vernunft/ Rationalität/ Irrationalität aufzuzeigen. Da wir in einer Krise der Rationalität leben, viele unserer drängenden Probleme darauf zurückzuführen sind, sollten Auseinandersetzungen mit diesen Überlegungen, Hypothesen geschehen.

Wenn die Thesen der Hirnforschung - und die der hier vorgestellten Texte - stimmen, würden sie, zwangsläufig, völlig andere 'Kulturen' ergeben müssen.

VERSUCH EINER THEORIE DER RATIONALITÄT

DARSTELLUNG EINES PRINZIPS

Jede Erfahrung, die als *Wissen* gespeichert ist, wird geschützt von potentiellen Gefühlen. Solche Gefühle treten in Aktion, wenn das gespeicherte Wissen bedroht scheint.

ÜBER GEFÜHLE

Kommt im Gespräch das Thema auf intellektuelle Fähigkeiten, die zu verbessern seien, geschieht regelmäßig der Einwand: dass auch die 'emotionale Seite' im Menschen berücksichtigt werden müsse, nicht nur die intellektuelle. Oder (aus einem psychologischen Gutachten): die heutige studentische Jugend sei 'emotional verarmt', dieser Verarmung stünden auf der anderen Seite hoch intellektuelle, rationale Fähigkeiten gegenüber (hier der Berg, da das Tal). Ein weiteres Beispiel: in der Sozialpädagogik wird laufend von 'emotionalem Lernen' gesprochen.

Was heißt das: die 'emotionale Seite' im Menschen oder 'emotional verarmt' oder 'emotionales Lernen'? Besteht zwischen dem Emotionalen und Rationalen wirklich der Gegensatz, der stets gesehen wird, schließen sie sich vielleicht gegenseitig aus, bedingt die Zunahme des einen die Abnahme des anderen?

Gefühl ist ein: "physiopsychisches Grundphänomen des individuellen und subjektiven Erlebens einer Erregung (Spannung) oder Beruhigung (Entspannung), jeweils mehr oder minder deutlich von Lust oder Unlust begleitet. Das Gefühl hängt eng mit der Tätigkeit des vegetativen Nervensystems zusammen, die physiologischen Begleiterscheinungen sind hierbei z.B. Änderung der Puls- und Atemfrequenz oder des Volumens einzelner Organbereiche. Die Funktion der Gefühle besteht vor allem in der Enthemmung bzw. Aktivierung eines Individuums, besonders zum Appetenzverhalten oder zur Aversion." (MEYERS ENZYKLOPÄDISCHES LEXIKON, 1973, vollständige Wiedergabe). Wichtig scheint noch: "Dass sich fast jede emotionale Erregung zum psychophysischen Prozess eines Affekterlebnisses steigern kann" (ebenfalls MEYER).

Gefühle scheinen als 'Seelisches', 'Geistiges' erklärt zu werden. Auch die zitierten Passagen aus der größten deutschen Enzyklopädie setzen voraus - obwohl sie stark auf die körperlichen Reaktionen hinweisen -, dass es sich dabei im Grunde um 'Seelisches' handelt: "physio*psychische* Grundphänomene", "die physiologischen *Begleit*erscheinungen".

Solche Erklärungen der Gefühle als Seelisches, Geistiges stehen in unserer kulturellen Tradition.

Wenn Gefühle auch seit Tausenden von Jahren angesehen werden als Seelisches (mit dem physiologische Begleiterscheinungen gekoppelt sind), lässt sich dazu doch sagen: es sind Hypothesen, Denkmodelle. Was immer das 'Seelische' nun sein mag. Es scheinen sogar keine sehr guten Hypothesen zu sein, weil sich mit ihnen viele Phänomene nicht oder nur unzureichend erklären lassen.

Da sich mit diesen Denkmodellen so wenig erklären lässt, werden Gefühle, Emotionen ständig in abseitige Randzonen gedrückt: als zwar immense, aber nur schwer kontrollierbare Größen - im Grunde allein Gefährliches, vor dem man sich in acht nehmen sollte. - Auch diese negative Sicht hat uralte Tradition, bis hin zur Stoa und zu Aristoteles: Gefühle waren Störfaktoren für die Denkfähigkeiten des Menschen.

Es scheint sinnvoll, diesen gängigen Hypothesen vom Wesen der Gefühle konsequent eine andere *Hypothese* entgegenzusetzen:

Gefühle sind physiologische Reaktionen - die im nachhinein, bei der Interpretation dieses Körpergeschehens (durch den betroffenen selbst oder durch andere), mit 'seelischem', 'geistigem Inhalt' gefüllt werden.

Gefühle sind Bedingte Reflexe, deren Aufgabe es ist, auf Erfahrungen, die als *Wissen* gespeichert sind, hinzuweisen und sie zu schützen. (Anders ausgedrückt: Erfahrungen, welche als Wissen gespeichert sind, werden geschützt von potentiellen Gefühlen, die in Aktion treten, wenn das gespeicherte Wissen bedroht scheint).

Die Hypothese ist also, dass Gefühle in fester Verklammerung, einer Kausalität, zu gespeichertem Wissen stehen.

Interpretiert und abstrahiert man die physiologische Reaktion Bedingter Reflex, bei Mensch, Tier, ist klar, dass sie immer mit *Wissen* gekoppelt ist. Konditionierung eines Bedingten Reflexes bedeutet: in dem betroffenen Lebewesen ist ein bestimmtes Wissen befestigt worden. - Der Pawlowsche Hund weiß, dass es beim Ertönen des Klingelzeichens Fressen gibt, und dieses Wissen löst Speichelfluss aus.

Die physiologischen Reaktionen, die Bedingter Reflex genannt werden, sind im Grunde Nebenreaktionen oder Folgen eines anderen Phänomens: des der Erfahrung oder Wissensspeicherung.

Die Aufgabe von Bedingten Reflexen dürfte sein, dem Organismus zu signalisieren, dass für diese eingetretene (äußere) Situation bereits Handlungsschablonen gespeichert sind. Ferner muss die Handlungsschablone *Wissen* geschützt werden gegen Überlagerung und Veränderung oder Löschung durch anderes Wissen.

Generell wird Wissen sogar durch den Faktor Zeit gelöscht (und damit bedroht): der dressierte Hund muss ständig im Rahmen seiner Dressur gefordert werden, sonst verlernt er sie, und auch beim Menschen, Wissen, das nicht benötigt wird, vergisst man. - Bedingte Reflexe dürften deshalb vor allem auch Übungsfunktion haben. Sie sollen an spezifisches Wissen erinnern und es neu eintrainieren (abstrahiert: sollen es schützen).

Der Mensch das große Lernwesen. Er ist ein kybernetisches System, und in jedem derartigen System besteht die Notwendigkeit, dass eingespeichertes 'Wissen' geschützt wird: weil solche Systeme nur bei Eindeutigkeit funktionieren. Der Schutz muss deutlich und massiv sein, muss sozusagen mächtig sein, um anderen einwirkenden Mächten (in diesem Fall: neuem Wissen, neuen Erfahrungen) Widerstand entgegensetzen zu können.

Die Hypothese ist, dass beim Menschen diese deutlichen und massiven Schutzreaktionen für gespeichertes Wissen seine Gefühle sind: schwer zu missachtende physiologische Reaktionen, Bedingte Reflexe.

Jemand mit Minderwertigkeitsgefühlen hat das *Wissen*, minderwertig zu sein. Es ist durch spezifische Erlebnisse oder Erziehungsprogramme in ihm geschaffen worden, und die später auftretenden Minderwertigkeitsgefühle befestigen ständig dieses Wissen von der eigenen Minderwertigkeit. Bekanntlich treten sie besonders heftig in Situationen auf, wo der Betroffene sich geradezu beweisen könnte, dass an seiner angeblichen Minderwertigkeit nichts dran ist. (In den Erklärungen wird schon seit langem unterschieden zwischen dem Minderwertigkeitskomplex und den Minderwertigkeitsgefühlen, die in enger Verklammerung stehen, aber in einem zeitlichen Nacheinander. Der 'Komplex' wäre ein massives, gelerntes *Wissen*).

Oder der Eifersüchtige. Er hat gelernt, dass ihm Verlust droht, wenn der andere sich Dritten zuwendet, und wendet der sich nun Dritten zu, kommt es zu Eifersuchtsgefühlen, die bekanntlich bis zu Affekten oder psychotischen Zuständen gehen können. Aus den Gefühlen werden Eifersuchtsszenen, die den anderen veranlassen sollen, seine Hinwendung zum Dritten abzubrechen. Ließe der Eifersüchtige das Verhalten des anderen durchgehen, würde er neue Erfahrungen machen, die sein altes Wissen bedrohen und verändern.

Oder Geiz, Neid, Habgier, Gehässigkeit. All diese Verhalten basieren primär auf Gefühlen, die spezifisches Wissen zu schützen versuchen und dabei diese kennzeichnenden Verhalten initiieren.

Oder nehmen wir einen Autofahrer, der unbeabsichtigt eine Ampel bei Rot überfährt: er 'erschrickt', spürt in sich ein scharfes Gefühl. Das gleiche passiert, wenn er für einige Zeit auf die linke Straßenseite gerät - er bekommt ein ungutes Gefühl, das ihn wieder auf die rechte Seite 'zwingt'. (Und wenn dieser Autofahrer in England unterwegs ist, tritt das ungute Gefühl 'umgekehrt' auf, sobald er auf die rechte Straßenseite gerät: weil er willentlich als Wissen gespeichert hat, dass in diesem Land die Autos links fahren).

Um den Mechanismus von Gefühlen zu verdeutlichen, wurden zuerst Beispiele von 'negativem' Verhalten gebracht, weil hier die Reaktionen gröber und damit einsichtiger sind, doch es gibt auch Gefühle, die Verhalten, das sich in Übereinstimmung mit gespeichertem Wissen befindet, bestärken (im Untergrund nur wohlwollend begleiten). Diese Art von Gefühlen fallen wenig auf, weil sie sanft, kaum merklich einwirken: jemanden auf dem 'richtigen' Weg zu halten (von dem er *weiß*, dass es der richtige ist), braucht kaum Kraft, Macht, im Gegensatz zur Aufgabe, jemanden vom 'falschen' Weg abzubringen.

Es scheint bei den Gefühlen zwei spezielle Varianten zu geben: die aversiven und die adversiven (in der subjektiven Erlebnisqualität - ob sie auch tatsächlich, objektiv verschieden sind, ist eine andere Sache). Letztere haben nur begleitende

Funktion für Handeln (und auch Denken), das im Rahmen des gespeicherten Wissens geschieht, und sie sind kaum spürbar (haben deshalb auch keinen Namen: 'Aversion' gibt es, aber nicht 'Adversion`). Die aversiven Gefühle scheinen physiologisch mit Muskelanspannungen, Organvolumenvergrößerungen, Adrenalinausschüttungen etc. zu arbeiten, die adversiven dagegen mit Entspannungen, Volumenverkleinerungen. Die adversiven Gefühle dürften tätig sein, wenn wir uns entspannt und leicht und locker fühlen (das Wort 'fühlen' in der Umgangssprache!), sie signalisieren der Person: 'Alles in Ordnung, du bewegst dich im Rahmen deines gespeicherten Wissens'.

Wahrscheinlich sind Phänomene wie Lebensfreude, Heiterkeit, Mut, Zivilcourage, Hoffnung, Sehnsucht, Glück primär physiologische Größen und nicht philosophische. Sie müssen oder sollten zu philosophischen Größen werden - es ist nicht beabsichtigt, das 'Prinzip Hoffnung' zum Reflex Hoffnung zu machen -, doch es ist die typische Verlaufsabfolge zu sehen: zuerst das (meist 'blind' gelernte) *Wissen*, dann die physiologische Schutzreaktion Gefühl und danach erst die *'denkende'* Philosophie (die natürlich nicht wissenschaftlichen Anspruch haben muss).[1]

---

[1] Und wie ist es mit der Liebe, die gemeinhin als Inbegriff der Gefühle gesehen wird?:

Gerade das Gebiet der Sexualität ist mit ungewöhnlich viel *Wissen* ausgefüllt. Über ein Jahrzehnt werden die Kinder auf bestimmte Frauen- und Männerrollen, Mutter- und Vaterrollen hin erzogen, das Bild vom 'richtigen' Mann und von der 'richtigen' Frau ist schon fertig, bevor die Kinder in die Pubertät kommen. Und die Pubertät selbst mit ihren zuerst Angst machenden neuen Empfindungen regt stark eigenes Denken und den Wissensaustausch untereinander an. Wenn dann kurz drauf beim Zusammenprall der Realität Sexualität mit dieser Unmenge von gespeichertem Wissen über sie nicht die großen Gefühle frei werden sollten, wo denn sonst?

An den aufgeführten Beispielen ist deutlich geworden, dass Gefühle nicht gut oder richtig sein müssen. Markante Charaktereigenschaften wie Neid, Geiz, Habgier sind ausgesprochen negativ für die soziale Gruppe, und z.b. beruhen auch Vorurteile auf gespeichertes Wissen, das durch starke Gefühle geschützt wird, ebenfalls alle neurotischen Fehlhaltungen. Der Zwangsneurotiker, der unter einem Waschzwang leidet, *weiß*, dass es 'richtig' ist, sich alle paar Minuten die Hände zu waschen (auch wenn an den Händen bereits rohes Fleisch zum Vorschein kommt und dieses Wissen ihn objektiv krank macht! Sein Wissen von der Notwendigkeit des Waschens ist stärker als sein Wissen der Krankheit: es wird von stärkeren Gefühlen geschützt. Hier scheinen regelrechte Machtkämpfe zwischen verschiedenen Wissen bzw. Gefühlen abzulaufen).

Gefühle und die durch sie geschützten Wissen müssen objektiv nicht gut oder richtig sein - sie werden von dem Betroffenen meistens nur als 'richtig' erachtet. Es sind allein individuelle, subjektive Empfindungen, die durch den Zufall der spezifischen Lernsituationen geschaffen worden sind und durch den Zufall der individuellen Disposition.

Wissen wird im Menschen einmal geschaffen durch die Sozialisationsprozesse (die ich eingrenzen möchte auf: Stimulierung durch die soziale Umwelt) und durch sinnliche Erfahrungen mit der 'Welt'. Zum ersten Lernfeld gehören alle Verhaltensnormen, Werte, aber auch das gesamte schulische Wissen, das durch soziale Interaktionen zustandekommt[2]. Die 'Welt', aus

---

[2] Doch was bedeuten Normen, Werte, wie funktionieren sie *materiell* im Menschen und wie erzwingen sie ihre Einhaltung? Wohl über physiologische Reaktionen, die wir Gefühle nennen ('Schuldgefühle', 'Gewissensbisse' - die Sprache!).

deren Begegnung das sinnliche Wissen erwächst, wären: Licht, Dunkelheit, Wärme, Kälte, Gerüche, Regen, Wind, Schnee, 'Schwerkraft', Meer, Flüsse, Wasser, Gras, Bäume, Blumen, aber auch so etwas wie mitmenschliche Geborgenheit oder mitmenschliche Bedrohung (alle Beispiele allein um die Dimensionen anzudeuten).

Das besondere scheint nun zu sein, dass die (in ihrer subjektiven Erlebnisqualität) aversiven Gefühle fast ausschließlich mit Wissen einherkommen, welche in den Sozialisationsprozessen entstanden ist, und dass Wissen aus sinnlichen Begegnungen mit der 'Welt' fast immer adversiv geschützt werden. (Vielleicht deshalb, weil in den Erziehungsprozessen Menschen andcren ständig Grenzen schaffen und jede Erziehung im Grunde ein aggressiver Akt ist? Die 'Welt' in den sinnlichen Erfahrungen dagegen begrenzt kaum).[3]

---

[3] Wenn Gefühle an Wissen gekoppelt sind, dann ist die logische Konsequenz, dass der Mensch auch die (Ausrichtung seiner) Gefühle macht (ob 'positiv'/'negativ', 'adversiv'/'aversiv'). Gefühle können erst nach dem ersten Wissen eines Menschen / Kindes entstehen: als Reaktion auf folgendes, neues Wissen (durch die Bedrohung des ersten Wissens durch folgendes Wissen. Oder ist es Bedrohung durch Denken?). Demnach sind alle Gefühle in ihrer Natur wertfrei, sie sind allein Schutz für Wissen: also genaugenommen Trägheitsmomente, Beharrungstendenzen des Lebens (wie wir sie überall im Leben, in der Physik etc. antreffen). Erst vor dem Hintergrund des bedrohenden Wissens / Denkens bekommen sie für den betroffenen ihre positive oder negative Erlebnisqualität.

Es müsste deshalb überlegt werden, ob adversive und aversive Gefühle nicht exakt auf der gleichen Linie liegen. Vielleicht sind sie nur verschiedene Intensitätsgrade des Erlebens einer gleichen Sache, das aversive Erleben von Gefühlen wäre demnach nur die Folge eines stärkeren Kraft-, Machteinsatzes des Körpers: weil die Bedrohung durch ein fremdes Wissen größer, stärker ist als gewöhnlich und damit gefährlicher.

Gefühle sind keine eigenständigen Größen, sondern Signale für anderes: sie müssen interpretiert werden. Das tun Menschen und haben es von jeher getan: "Ich habe Angst", "ich bin verliebt", "bin eifersüchtig", "wütend", "neidisch" - dies alles sind Interpretationen. Sie scheinen so selbstverständlich mit Gefühlsreaktionen einherzugehen, dass sich die Hypothese verfestigte, Gefühle seien 'Seelisches', 'Geistiges' (und je nach Definition können sie es natürlich sein: wenn man die Gesamtheit der Erfahrungen eines Menschen, seines Wissens, als seine Seele bezeichnet).

Bei den Interpretationen oder Nichtinterpretationen geschehen jedoch Aufspaltungen, die in den Folgen verschiedene Verhaltensmuster ergeben. Bleiben Interpretationen aus, ergibt es emotionales Verhalten (u.U. sentimentales oder gar kitschiges). Bemüht rationale Interpretationen ergeben bemüht rationales Verhalten, und irrationale Interpretationen werden zu irrationalem Tun, das wohl die gefährlichste aller Verhaltensmöglichkeiten ist ('Irrationalität' interpretiert sich dabei als eine

---

Und trotzdem scheint es mir richtig, dass die aversiven Gefühle hauptsächlich mit Wissen einherkommen, das in den Sozialisationsprozessen entstanden ist. Kann z.B. die sinnliche Erfahrung der Meeres auf Dauer solche Aversionen auslösen wie ein Schuldkomplex? Selbst wenn Menschen nur mit knapper Not den Gefahren des Meeres entronnen sind (beim Schiffbruch etwa), zieht es sie meistens schon bald wieder aufs Meer zurück. Die Ursache dafür scheint zu sein, dass in den sinnlichen Erfahrungen der 'Welt' hauptsächlich Wissen von der eigenen Stärke geschaffen wird und sich festsetzt. Das Beispiel des Schiffbruchs: jemand, der einer solchen Bedrohung durch das Meer entrinnt, schafft dabei auch in sich das Wissen, stark zu sein (sonst hätte er diese Bedrohung ja nicht überlebt), und dieses Wissen der eigenen Stärke überdeckt und löscht nach einiger Zeit das Wissen der generellen Bedrohung durchs Meer. In dem betroffenen ist das Wissen seiner eigenen Stärke mächtiger geworden als das Wissen der Stärke des Meeres.

Art Schutzdenken, das geschieht, um die Organisation des Ichs, durch Wissen / Gefühle, nicht zu gefährden).

ÜBER RATIONALITÄT/ IRRATIONALITÄT

Denken ist nicht zu verhindern. Wo Menschen in jungen Jahren durch ihr Leben in die Welt hineingehen, denken sie, um das, was ihnen begegnet, einander zuzuordnen und (sich) zu erklären.

Denken besagt als Wort wenig und kann verschiedene Inhalte haben. Zuerst einmal ist es eine sehr einfache Tätigkeit, zu der jedes Kind fähig ist und die jedes ausführt: nur zwei Erscheinungen im Gehirn miteinander zu verbinden, entweder sinnlich (in Bildform, Geräuschform etc.) oder als abstrahierte Chiffre, ist Denken. Selbst zu erkennen: 'Wenn es *regnet*, werde ich *nass*', ist Denken. Oder: 'Wenn es *kalt* wird, *fallen* Blätter von den Bäumen'; 'wenn ich einen *heißen* Ofen anfasse, *verbrenne* ich mich'; 'wenn ich *nicht tue*, was Mama will, wird Mama *böse*'; 'wenn ich *Hunger* habe, *bekomme* ich von Mama Essen'. Diese einfachen Zuordnungen von zwei oder mehreren Erscheinungen sind Denken - in seiner simpelsten, aber vielleicht auch großartigsten Form.

Jedes Kind denkt, und auch viele Tiere können es. Wenn ein Schimpanse einen Stock als Handwerkszeug benutzt, um sich damit eine Banane durchs Gitter zu ziehen - ohne dass es ihm gezeigt worden wäre -, so ist dem eine Denkleistung vorausgegangen, die sogar als primäres rationales Denken bezeichnet werden kann. (Die Konditionierung eines Bedingten Reflexes, die eigentlich die Konditionierung eines bestimmten Wissens ist, soll jedoch nicht als Denken bezeichnet werden. Denken, oder Lernen, geschehen im Vorfeld der Konditionierung: ihre Folgen sind Bedingte Reflexe).

Jedes (zu Ende geführte) Denken schafft Wissen - aber nicht jedes Wissen muss über Denken zustandegekommen sein: es kann 'blind' gelernt und gespeichert werden. Das meiste Wissen dürfte beim Menschen sogar über diesen mechanischen Lernweg zustandekommen. Diese Art der Wissenserzeugung geschieht jedoch immer durch Einflussnahme der sozialen Umwelt (durch soziale Interaktionen); der Entstehung von Wissen durch die sinnliche Erfahrung der 'Welt' dagegen ist, wenn richtig gesehen, ein eigenständiger Denkprozess vorgeschaltet.

Einmal schaffen wir uns Wissen durch eigenständiges Denken, hauptsächlich in den sinnlichen Erfahrungen der 'Welt', zum anderen lernen wir Wissen in den Prozessen der Sozialisation, wo uns von der sozialen Umwelt Interpretationen der 'Welt' geliefert werden. Einmal sagen wir uns selbst: 'dies ist richtig und das ist falsch', meistens jedoch sagen es uns andere[4]. Und beide Arten von Wissen werden von potentiellen Gefühlen umstellt, die in Aktion treten, wenn dieses gespeicherte Wissen bedroht scheint.

Ein Mensch geht ins Leben hinein, denkt über das nach, was ihm begegnet, und baut so das Koordinatensystem seines Wissens aus. Die typische Entwicklung geht vom Denken zum Wissen: der dynamische Prozess wird hinübergeführt in den statischen Zustand.

Denken und Wissen sind beide Orientierungssysteme für Handeln, von der Struktur und Qualität her sind sie jedoch verschieden. Und auch in der Quantität zueinander geschieht mit der Zeit eine Umkehrung: das sehr kleine Kind am Anfang seines Lebens *denkt*, und sein Denken schafft Wissen, mit der Zeit wird dann das eigenständige Denken und Wissen ergänzt durch Übernahme fremden Wissens. In den meisten Fällen scheinen

---

[4] Es ist leichter und bequemer, sich die Erklärungen von anderen geben zu lassen. Wahrscheinlich kann der mechanische Lernweg der Wissensschaffung angesehen werden als: Vereinfachung, Erleichterung des Denkens.

das eigenständige Denken und Wissen durch die Sozialisationsprozesse nach und nach zugeschüttet zu werden[5].

Wissen wird durch Gefühle geschützt, und diese Gefühle treten in Aktion, wenn wir dabei sind, durch Tun - was auch Denken sein kann! - den Rahmen unseres gespeicherten Wissens zu verlassen. Obwohl Wissen innerhalb der Überlieferungskette von Mensch zu Mensch ohne Einschaltung eigenen Denkens übernommen werden kann, ist es jedoch irgendwann durch irgendein Individuum durch Denken geschaffen worden: deshalb besteht die paradoxe Situation, dass Denken Wissen schafft, das Wissen sich aber gegen Denken wehrt, um nicht verunsichert zu werden. Denken ist der eigentliche Schöpfer, jedoch auch der natürliche Feind des Wissens: deshalb versucht das Wissen ständig, sich gegen Denken zu wehren - die Sicht der Dinge auf seinem Niveau zu halten.

Wissen ist von potentiellen Gefühlen umstellt. Das gilt für Verhaltensnormen, 'Werte', aber auch für das schwierige Wissen der im Augenblick gültigen rationalen Erkenntnisstufe: für das jüngste Atommodell wie für eine mathematische Beweisführung oder sprachliche Theorie. Wir haben solche extremen Erkenntnisse mit Mühe gelernt und wissen, dies ist 'letztendlich' gültig, und mit der gefundenen Wahrheit zusammen wird gleichzeitig in uns ein Gefühl befestigt. Wenn wir dann später

---

[5] Die Übernahme fremden Wissens ist weitgehend vom Erlernen der Sprache abhängig. Das erste Wissen eines Menschen in den ersten Wochen und Monaten seines Lebens kommt immer durch eigenes Denken zustande: etwa Lokalisierung und Interpretation spezifischer Wohngeräusche ('nach dem Klappern der Flasche gibt es Essen'), Zuordnung einer bestimmten Stimme zu einem bestimmten Gesicht etc. Das Ericsonsche Urvertrauen (oder Urmisstrauen) entsteht durch eine *Denk*leistung des Kindes.

an neuen Erkenntnissen arbeiten oder das Gelernte in die Praxis umzusetzen versuchen (z. B. naturwissenschaftliche Theorie in konkrete Technik), begleiten uns adversive Gefühle im Untergrund und geben ständig Bestärkungen bei den Entscheidungen des Handelns: 'Dies ist richtig', oder es tritt im Gegensatz dazu ein aversives Gefühl auf, wenn der Rahmen des gesicherten Wissens verlassen wird: 'Vorsicht, hier stimmt etwas nicht!'

Der Mensch kann sich über weite Strecken 'nach dem Gefühl' bewegen (die Sprache!), er braucht seine alten Gedanken- und Beweisführungen nicht jedesmal neu zu beginnen, wodurch Entscheidungsprozesse beschleunigt werden. Es wäre ausgesprochen lebensfeindlich, wenn die Natur des Menschen so wäre, dass er ständig alles von Anfang an neu durchdenken müsste[6].

Doch diese Entscheidungs- und Lebenshilfen sind in anderer Richtung Fallen.

Wissen bedeutet Sicherheit - und niemand lässt sich gerne verunsichern. Die normale Reaktion ist, die Sicherheit des erworbenen Wissens zu verteidigen, wenn es bedroht wird: einmal geschieht die Verteidigung durch Gefühle, reflexhaft, quasi automatisch, in der weiteren Folge aber auch durch *Denken*. - An dieser Stelle geschieht die Richtungsgebung zur irrationalen und rationalen Denkbewegung (oder zum emotionalen Verhal-

---

[6] Bei den Beispielen wurde angenommen, dass es sich um objektiv richtiges Wissen handelt. Das ist aber wahrscheinlich selten der Fall: bei diesem psychischen Mechanismus kommt es allein auf das subjektiv als richtig Empfundene an. Auch Vorurteile oder neurotische Fehleinschätzungen (als Beispiele) sind Wissen!

ten, was die Vermeidung von Denken ist). Rationalität wie Irrationalität nehmen ihren Ursprung aus der Verteidigung bereits vorhandenen Wissens (mit Ausnahme beim winzigen Kind - aber auch hier ist vielleicht schon pränatales Wissen vorhanden).

Wo altes ("bewährtes") Wissen durch neues oder durch Denken bedroht wird, neigt jeder dazu, das alte Wissen denkend zu verteidigen, um nicht aversiven Gefühlen ausgesetzt zu werden, die kaum erträglich unangenehm sein können. Das ist wichtig: die gedankliche Verteidigung geschieht nicht um der Erkenntnis oder Wahrheit, sondern um der Gefühle willen.

Dies wären irrationale Denkbewegungen, die in jedermann unentwegt ablaufen. Irrationalität erklärt sich als: eine Art Schutzdenken, das geschieht, um die Organisation des Ichs (durch Wissen / Gefühle) nicht zu gefährden.

Irrationalität ist Denken: ein Tier kann nicht irrational sein und auch ein Wissen oder Gefühl nicht. Es ist nichts, das ein Mensch aus Unvermögen oder Nachlässigkeit passiv geschehen lässt, es ist die gezielte, aktive Leistung. Vielleicht ist Irrationalität sogar die menschliche Leistung schlechthin. Einige höhere Tiere sind durchaus zu primär rationalem Denken fähig, doch wahrscheinlich kann ein Tier nicht irrational sein. Die genuin menschliche Fähigkeit dürfte nicht das Rationale sein, sondern das Irrationale, deshalb sollte das Phänomen 'Irrationalität' bewertungsfrei betrachtet werden.

Dass irrationale Denkbewegungen Ausweichreaktionen vor potentiellen Gefühlen sind, wird vom betroffenen selbst nicht erkannt und eingestanden, in einer Art Vorwärtsstrategie wird 'rationalisiert', um (sich) zu beweisen, dass das alte Wissen richtig ist und das neue falsch. Auf solchen Verteidigungswegen können riesige Denkgebäude entstehen, die von hochgestochener Rationalität scheinen, in Wirklichkeit aber irrational sind.

Der Mensch wehrt sich so gegen sich selbst - besonders wehrt er sich aber gegen andere, die die Sicherheit seines Wissens bedrohen. So ist zu erklären, dass Menschen sich in der Regel lange und erbittert gegen neue Gedanken und Sichtweisen oder auch Erfindungen wehren:

Wenn ich mit viel Mühe endlich *weiß*, wie ein Ottomotor gebaut werden muss, damit er funktioniert - und diese Verbrennungsmaschine eine der wenigen bekannten zu dem historischen Zeitpunkt ist -, muss ich mich vom Gefühl her gegen einen "hergelaufenen" Erfinder namens Diesel wehren, der einen völlig anderen Motor konstruieren will und damit alle 'Gesetze' der Technik zerstört. - Wenn ich *weiß*, dass Musik von Bach und Mozart schön klingen, muss ich zuerst Schubert verständnislos ('gefühllos') gegenüberstehen, oder in der Malerei Van Gogh, wenn ich *weiß*, dass Rubens schön malt. - Und wenn ich in der Kindheit als *Wissen* gelernt habe, dass Sexualität unanständig oder Sünde ist, was bleibt mir dann zuerst einmal übrig, wie mir selbst zu beweisen, dass sie wirklich unanständig ist, und so eine Rechtfertigung zur Meidung zu bekommen. Die aversiven Gefühle würden sonst unerträglich.

Im Laufe eines jeden Lebens wird Denken weitgehend ersetzt durch Gelerntes: durch Wissen. Das betrifft einmal die Binnenbeziehungen der eigenen Person - also: was ich selbst gedacht habe, geht ins Wissen ein -, zum andern wird in den Sozialisationsprozessen von anderen Gedachtes nur übernommen, gelernt (fast immer, ohne es den wirklichen Bedingungen des Denkens, dem kritischen Infragestellen, zu unterwerfen).

(Rationales) Denken ist Bemühen des Zweifelns - Lernen und Wissen das Ersetzen des Zweifelns. Das eine ist beharren auf der Unsicherheit, das andere ausweichen in die Sicherheit; das

Gelernte ist ein statisches Element, Denken ein dynamisches. Denken ist der natürliche Feind des Gelernten (des Wissens) - und aus dieser Feindschaft heraus läuft in jedem Menschen ständig Kampf ab. Den aber fast immer das Wissen gewinnt[7].

Denken ist beharren auf der Tätigkeit des Zweifelns und muss sich ständig gegen das Wissen - die Produkte des Denkens - wehren. Dieses dialektische, paradoxe Spannungsverhältnis ist nicht aufzulösen.

Selbstverständlich kann nun nicht gesagt werden: das 'dynamische' Denken sei allein richtig und das 'statische' Wissen falsch. Beide haben gleichwertige Funktionen im Leben. Es wäre, wie gesagt, ausgesprochen lebensfeindlich, sollte alles Wissen durch Denken ersetzt werden (zu schweigen davon, dass dies unmöglich ist), und außerdem ist rationale Erkenntnis, die durch Lernen von anderen übernommen wird und ins eigene Wissen eingeht, zuerst einmal rational. Nur ist in jedem Wissen eine latente Irrationalität enthalten, die in jedem Augenblick anfangen kann, gefährlich zu wuchern - ohne Alarmzeichen, für den betroffenen kaum zu bemerken -, wenn das Wissen beginnt, aus dem *Gefühl* heraus sich zu verteidigen und mit 'Rationalisieren' zu beweisen.

Auch rationales Denken nimmt aus Wissen seinen Ursprung - da jeder erwachsene Mensch unendlich viel Wissen angesammelt hat -, jedoch aus der Vielfalt der verschiedenen und kon-

---

[7] Der erste Satz dieses Kapitels müsste also geändert und relativiert werden: Denken ist doch zu verhindern - durch das Anbieten und die Übernahme von Wissen. Allein beim sehr kleinen Kind ist es nicht zu verhindern. Erziehung wäre die Strategie, Denken systematisch zu vernichten und durch von anderen geschaffenes Wissen zu ersetzen. Und jede Form von Herrschaft kommt durch die Erzeugung und Speicherung von Wissen zustande.

kurrierenden Wissen, es spielt sie sozusagen gegeneinander aus, folgt nicht einfach wie das irrationale Denken dem größeren Gefühlsdruck eines bestimmten Wissens. Rationales Denken hält gespeichertes Wissen ständig für Zweifel und Infragestellen offen, und dieses Offenhalten ist eine ausgesprochene Kampfhaltung im Menschen selbst.

Wahrscheinlich gibt es Rationalität wie auch Wahrheit nicht als erreichbares Produkt - sie sind nur möglich als *Weg* und Annäherung an einen Grenzwert (ähnlich dem limes-Begriff in der Mathematik). Durch rationale Argumentation lässt sich Wahrheit mit absoluter Sicherheit nicht beweisen. Durch rationales Beweisen kann man immer nur die rationalen Fehlschlüsse (sic wären Wissen) und das irrationale Schutzdenken feststellen und aus dem Infragekommen fürs 'Richtige', 'Wahre' ausschließen, wird dieser Weg aber sorgfältig und ausdauernd gegangen, bleiben zum Schluss nur sehr wenige Möglichkeiten übrig: die nicht falsch und deshalb mit hoher Wahrscheinlichkeit richtig sind. Das wäre also der Erkenntnisweg über Falsifikation[8].

Nur im rationalen Bemühen um die Entlarvung der rationalen Fehlschlüsse und des Irrationalen kann man sich der Rationalität als Wahrheit nähern. Wahrheit kann man letztlich nicht erreichen, bestenfalls unendlich eng einkreisen.

---

[8] Es scheint Zweifel angebracht an den gängigen Erkenntnis schritten über These - Hypothese - Verifikation. Deshalb, weil jede These und Hypothese in die Zukunft projiziertes Wissen sind und damit die Fallen des Irrationalen eingebaut haben, bevor das vermutete Wissen zum (angeblich) bewiesenen geworden ist. Der Weg der Verifizierung kann leicht der Weg irrationalen Schutzdenkens sein.

ANHANG

Die Richtigkeit des dieser Arbeit vorangestellten Prinzips lässt sich nicht beweisen, etwas, das die Richtigkeit ausschließt, ist von mir nicht zu sehen: das Prinzip *kann* richtig sein. Es scheint sinnvoll, pragmatisch vorzugehen und zu überprüfen, wie viele Erscheinungen wie gut mit diesem Prinzip erklärt werden können.

Das Prinzip lautete: *Jede Erfahrung, die als Wissen gespeichert ist, wird geschützt von potentiellen Gefühlen; solche Gefühle treten in Aktion, wenn das gespeicherte Wissen bedroht scheint.* Einige Anwendungen (skizziert):

Intuition: ihre Wirkungsweise ist mit dem Prinzip erklärbar.

Sozialisation: diese Phänomene lassen sich einfacher und besser erklären, die inzwischen über dreißig Sozialisationstheorien werden vereinheitlicht oder sogar überflüssig.

Kognitive Dissonanz: die Probleme, die mit diesen Theorien gefasst werden sollen, lassen sich durch das Prinzip simpler erklären.

Aggression: der alte Streit, ob angeboren oder gelernt, nach dem Prinzip wäre es beides. Dass gespeichertes Wissen geschützt wird, ist angeboren, aber das Umspringen der Reaktion auf den äußeren Bedroher des Wissens ist wahrscheinlich eine gelernte Ausweichreaktion (das typisch menschliche Aggressionsverhalten - das rein biologische erst einmal außer acht gelassen).

Drogen: sie könnten die gleichen Körperreaktionen auslösen, durch die adversive Gefühle erzeugt werden - der betroffene empfindet sich deshalb konform mit seinem gespeicherten Wissen (selbstbestätigend, leicht, glücklich).

Psychotherapien: in vielen Psychotherapien wird versucht, über das Verbalisieren von Gefühlen Wege zurück zu verschüttetem Wissen zu finden - das Prinzip erklärt die Wirkungsweise und gibt vielleicht die Möglichkeit, die vielen Therapieformen und schulen, 'Seelenmodelle' etc. zu vereinheitlichen.

Kunst: mit dem Prinzip wäre erklärbar, wieso Kunst, Literatur oft massive Reaktionen auslösen - sie 'bedrohen' im Rezipienten dessen gespeichertes Wissen und lösen u.U. neues Denken aus, das dann wiederum das vorhandene Wissen verändert.

Das dieser Arbeit vorangestellte Prinzip scheint brauchbar, es sollte diskutiert werden.

HISTORISCHER RÜCKBLICK

Der rationale Zugriff des Menschen auf die 'Welt' hat nicht in dem Ausmaß positive Wirkungen gehabt, wie Aufklärer alter und jüngerer Generationen es sich erhofft hatten. Das rationale Vorgehen zum Lösen von Problemen scheint an vielen Stellen bedrohliche neue Probleme geschaffen zu haben, so dass sich in weiten Bevölkerungsschichten das Gefühl breitgemacht hat, Verstand und Vernunft seien negativ und zu Schaden führend. Wir leben in einer Krise der Rationalität.

Die Gefahren unserer Zeit sind jedoch nicht durch rationales, sondern durch irrationales Vorgehen entstanden: Unendliche Warenmengen zu produzieren und dabei entstehende giftige Abfallprodukte einfach in die Umwelt abzuleiten, hat nichts mit Rationalität zu tun; die Lebenserwartungen der Menschen zu erhöhen und sich nicht mit gleichem Kraftaufwand um Geburtenkontrolle zu bemühen, hat nichts mit Rationalität zu tun; bei atomaren Kettenreaktionen ein 'Restrisiko' als akzeptabel hinzunehmen, hat nichts mit Rationalität zu tun, etc. Dies alles sind Gefährdungen durch irrationales Verhalten. Jedes rationale Vorgehen scheint leicht, kaum merklich ins Irrationale abgleiten zu können - und es werden heute rational und irrational laufend miteinander verwechselt.

Eines der dringendsten Probleme scheint deshalb zu sein, das Wesen von Rationalität einsichtig zu machen: Was ist Vernunft/ Verstand?, Was läuft im einzelnen Menschen ab, wenn er versucht, rational vorzugehen? Für solche Klärungsfragen soll der Essay VERSUCH EINER THEORIE DER RATIONALITÄT Beitrag sein. Es besteht der Verdacht, dass die gängigen Auffassungen von Rationalität nicht richtig oder nicht umfassend genug sind - anders lassen sich die durch rationales Vorgehen geschaffenen Fehler und Gefahren nicht erklären. Wahrscheinlich ist die unrichtige oder unvollkommene Einschätzung der Rationalität schon vor langer Zeit entstanden, als der Mensch durch Erklärungsmodelle künstlich aufgespalten wurde in Körper + Seele/Geist.

Wenn es richtig ist, dass jedes gelernte und gespeicherte Wissen im Menschen durch potentielle Gefühle geschützt wird - was im VERSUCH EINER THEORIE DER RATIONALITÄT dargelegt wurde -, dann bestand und besteht im Leben des Menschen folgende Situation:

In den frühen Jahren lernt der Mensch - als einzelner, aber auch als Gesamtheit in der Jugend der Menschheit - als erstes großes Wissen: "Ich lebe!" Und etwas später wird dann dieses Wissen bedroht von dem anderen großen Wissen: "Ich werde sterben (irgendwann)!"

Durch diese beiden gegeneinanderstehenden Wissen besteht in jedem Menschen auf der Gefühls-/Wissensebene eine Konfliktsituation, die nicht zu lösen und damit lebensbedrohend ist. Um Leben überhaupt zu ermöglichen, mussten Erklärungsmodelle geschaffen werden, wie etwa: "Du stirbst - aber du gehst ins Ewige Leben über!" Durch solche theoretischen Modelle gelang auf der Gefühlsebene die Versöhnung eigentlich unversöhnlicher Gegensätze.

Doch die Erklärungsmodelle waren nicht leicht ins Bewusstsein des Menschen einzuführen, da ihnen konkrete Erfahrungen widersprachen: der Mensch stirbt - verwest, vergeht, jedermann konnte es sehen. Die Aussagen mussten durch weitere Erklärungen abgesichert werden, bis sie in sich 'stimmig' waren, und so wurde künstlich ein 'Schichtenmodell' entworfen: Der Mensch besteht aus 1. Körper und 2. Seele/Geist - der Körper wird zerstört durch den Tod, doch die unsichtbare Seele geht unversehrt ins Ewige Leben über.

An solchen Erklärungsmodellen des Menschen wurde durch Jahrtausende gearbeitet - von den Priestern, Philosophen, Dichtern, Künstlern, Herrschenden (das Arbeiten an den theoretischen Modellen sicherte bevorzugte Stellungen in den Gesellschaften). Unendliches 'Rationalisieren': bis die Sicht schließlich von so vielen 'Beweisen' verstellt war, dass Zweifel nicht mehr möglich wurden. Die gedanklichen Absicherungen sind so perfekt gelungen, dass selbst modernes Denken dieses dualistische 'Schichtenaufbaumodell' des Menschen nicht verlassen konnte (Körper/ Psyche, psychosomatisch, bewusst/unbewusst, 'System Unbewusst': ungerichtete Triebkräfte herrschen da).

Das dualistische Aufbaumodell des Menschen ist vor langer Zeit künstlich geschaffen und durch Jahrtausende perfektioniert worden. Die Ausgangslage für dieses Denken waren jedoch unerträgliche, aversive Gefühle - sie mussten durch spezielles Denken/ Wissen beseitigt werden. Und solches wäre die Definition von Irrationalem: eine Art Schutzdenken, das geschieht, um die Organisation des Ichs (durch Wissen/ Gefühle) nicht zu gefährden.

Ist vielleicht deshalb soviel in der Geschichte der Menschheit fehlgelaufen, weil der Mensch selbst von Anfang an irrational erklärt worden ist?

Weitere Bücher des Autors:

Diether Pflanz, Ein Junge - Roman -
Groß werden im Krieg. Wie war das damals -?: Die Väter
weg, an der Front oder tot... zu Hause nur die Mütter und Geschwister... auf den Straßen einige alte Männer oder Krüppel,
Fremdarbeiter, Kriegsgefangene - und natürlich die Freunde.
Die Streiche... Waffen, Munition, ganz selbstverständlich/ die
Fliegerangriffe, Bomben/ dann der totale gesellschaftliche Zu-
sammenbruch.
Kindheit in der Kriegs-, Nachkriegszeit. Erzählt aus der Per-
spektive eines Jungen, Erlebnisse und Denken zwischen dem
sechsten, sechzehnten Jahr: voller Abenteuer, Spaß, Komik...
aber auch voll Leid, Brutalitäten, wildem Aufbegehren:

Diether Pflanz, Ein Junge - Roman -
(ISBN 3 - 8311 - 3995 - 4 / LIBRI BoD 2002
Weiteres, auch Textauszüge, unter: www.dieterpflanz.de)

* *
*

**DAS VERRÜCKTE FÜNFZEHNTE JAHR - montiert in
Briefen -**
In einer Lebenskrise gerät die 14jährige Julia in einen Brief-
wechsel mit einem Schriftsteller, den sie von ihrem *Kinder-
Literaturclub* her kennt. Sie schreiben sich, sprechen über Le-
ben, schwieriges Jungsein, Liebe, Bekannte, Krankheiten,
Freunde, Tiere, die Schule. Zu Julias 15. Geburtstag montiert er
als Geschenk all die ausgetauschten Briefe im Computer zu

einem Buch. Um ihr zu helfen, sich klar zu werden, was in dem vergangenen Jahr in ihrem jungen Leben alles abgelaufen ist.

Eine wahre, schöne Geschichte aus Briefen zwischen einem jungen Mädchen und alten Schriftsteller, wie sie so tatsächlich über Monate entstanden ist. Ein sehr ernsthaftes miteinander Sprechen - voller Spaß, Spott, Ironie und manchmal auch voll Trauer, Wut, Schmerz. Erstaunlich zu welchen Einsichten ins Leben schon sehr junge Menschen fähig sind!

Julia Bonnemeier >/< Dieter Pflanz:
DAS VERRÜCKTE FÜNFZEHNTE JAHR
(ISBN 3 - 8311- 0621- 5 / LIBRI BoD 2001
Weiteres, auch Textauszüge, unter: www.dieterpflanz.de)